LE GUIDE

DU

CHARPENTIER ET DU MENUISIER

DES

VILLES ET DES CAMPAGNES,

CONTENANT

TOUS LES DÉTAILS DE LA CHARPENTE EN BOIS ET EN FER,

AVEC GRAND NOMBRE D'EXEMPLES,

PAR

PIOCHE, ARCHITECTE A METZ,

Ancien élève de l'Ecole des beaux arts,

PRÉCÉDÉ

DE LA THÉORIE DE LA FORCE DES BOIS,

PAR

E. DEBRUN, PROFESSEUR DE MATHÉMATIQUES.

METZ,

TYPOGRAPHIE DE DEMBOUR ET GANGEL, ÉDITEURS.

1846

DE LA
CHARPENTE.

La Charpente est l'art de construire, avec des pièces de bois de certaines dimensions et par des assemblages divers, des édifices, ou à les couvrir. Cet art impose des règles de construction, des calculs, des combinaisons. Dans la composition d'une charpente, on emploie un plus ou moins grand nombre de bois équarris et convenablement coupés, qui peuvent avoir toutes sortes d'inclinaisons. Il faut les combiner de manière à former un tout qui réunisse les conditions de force et de résistance, de solidité et de légèreté. On doit donc avoir égard à la qualité des bois dont on doit faire usage, à leur force, à la disposition des pièces, à leurs formes, dimensions et à leur assemblage.

NATURE ET QUALITE DES BOIS.

Pour la charpente, on n'emploie que les arbres les plus gros, desquels on peut tirer, soit du tronc, soit des maîtresses branches, des pièces de bois d'une longueur et d'un équarrissage suffisants. Indépendamment des dimensions qui leur sont nécessaires pour l'emploi qu'on veut en faire, ces pièces doivent être de bonne qualité, en bois sec, sain et parfait, abattu au moins depuis trois ans, provenant d'un bon sol et d'arbres coupés en bonne saison. Elles doivent être de droit fil, et leurs fibres ne doivent être interrompues ni par de mauvais nœuds, ni par aucune fracture quelconque.

Les arbres dont les tiges sont les plus hautes, les plus grosses, les plus égales et les plus droites, dont le bois est le plus homogène et le plus ferme, sans trop résister au tranchant des outils, qui est le plus fort et le moins pesant, sont les plus propres aux constructions.

Les bois qu'on peut employer le plus généralement dans la charpente peuvent se diviser en trois classes : les bois durs, les bois résineux et les bois blancs et mous.

Dans les bois durs, on range le Chêne, le Châtaignier, l'Orme, le Noyer, le Hêtre, le Frêne.

Le chêne est, par excellence, le bois de la charpenterie ; il réunit, à de belles dimensions, la bonne qualité du bois et une longue durée ; on n'emploie les autres que subsidiairement lorsque le chêne manque, ou lorsqu'il ne s'agit que de constructions peu importantes. Les espèces les plus communes en France, sont le chêne rouvre et le chêne à grappes ; ce sont les meilleures pour les constructions. On a la certitude que des charpentes de chêne ont duré plus de 600 ans.

Le bois du Châtaignier a quelque ressemblance à celui du chêne, qu'on a pu confondre avec lui ; sa construction fibreuse tient le milieu entre celle du chêne et celle de l'orme : ce bois est employé pour les constructions dans les contrées où il est abondant, et lorsque ses dimensions permettent d'en tirer des bois de charpente. Il est sujet à la vermoulure intérieure sans que l'extérieur donne aucun signe de cette funeste destruction. Beaucoup d'anciennes charpentes que l'on a regardées comme faites en bois de châtaignier, étaient en une espèce de chêne blanc aujourd'hui peu cultivé.

L'Orme est très-fibreux, souple et liant, d'une apparence grossière, sujet à se tourmenter, difficile à travailler. Il est particulièrement propre au charronnage. L'espèce désignée sous le nom de *Tortillard*, dont les fibres ont une grande ténacité, est utile dans la charpenterie pour faire des poinçons qui reçoivent l'assemblage d'un grand nombre d'arbalétriers et qui sont percés d'autant de mortaises.

Le Noyer a un tissu fin, serré, compacte, sans être trop dur; quoique ses fibres soient courtes, il est cependant élastique; les vers l'attaquent aisément, et il n'est guère d'usage dans la charpenterie. On l'emploie pour les meubles et pour la fabrication des bois de fusil.

Le Hêtre est facile à travailler; le grain en est assez serré, il n'est cependant pas très-dur, à moins qu'il n'ait subi l'action d'une vive chaleur. Il a été longtemps abandonné comme bois de charpente, parce qu'il est ordinairement sujet à se fendre et à se laisser attaquer par les vers; mais on croit avoir trouvé le moyen de remédier à ces deux défauts, en choisissant pour l'exploiter le commencement de l'été, moment où il est dans la force de la sève. On le laisse, après qu'il est abattu, sécher pendant un an, et dès qu'il est débité ou équarri, on le soumet à l'immersion dans l'eau douce pendant cinq ou six mois.

Le Frêne ressemble beaucoup à l'orme: il est moins spongieux, se fend plus facilement, mais est plus flexible et plus élastique; à cause de cette propriété, il est employé à la fabrication des brancards de cabriolets et de toutes les pièces longues et flexibles, comme timons, limonières, etc. Il est peu propre à la charpenterie, parce qu'il est dur et pesant, et qu'il a le défaut d'être assez promptement piqué par les vers.

On range, dans la classe des bois résineux, le Pin, le Sapin, le Mélèze, le Cèdre, le Cyprès, l'If. Cette classe ne le cède point à la première, lorsqu'il s'agit de joindre la légèreté et l'élasticité à de grandes longueurs. Dans quelques contrées, plusieurs arbres de cette classe sont les seuls dont la charpenterie puisse disposer.

Parmi les bois blancs, qui sont très-rarement usités en charpenterie, nous ne citerons que le Charme, le Platane, le Tilleul, le Saule, le Marronnier d'Inde; le bois de ces arbres n'est, à proprement parler, qu'un aubier qui n'acquiert jamais de dureté, et par suite ils sont sujets à être rongés par les insectes qui s'y logent et s'en nourrissent.

POIDS DES PIÈCES DE CHARPENTE.

Il est souvent utile de pouvoir déterminer le poids d'une pièce de charpente. On l'obtient à l'aide de la table des pesanteurs spécifiques qui se trouve plus loin. Si on veut avoir le poids d'une poutre de sapin de 3 mètres de longueur, de 24 centimètres de largeur et 25 centimètres de hauteur. Le volume exprimé en mètres cubes est $3 \times 0,24 \times 0,25 = 0^{mc},18$. La table des pesanteurs spécifiques nous donne pour le sapin 660; c'est en kilogrammes le poids d'un mètre cube de sapin; donc, le poids de la pièce de bois en question est $660^{kilog.} \times 0,18 = 118^{kilog.},80$.

RÉSISTANCE DES BOIS.

Les bois peuvent résister de trois manières différentes: 1° à l'effort de traction dans le sens de la longueur des fibres, de manière à éloigner ses extrémités, comme résistent ordinairement les moises; c'est ce qu'on nomme la *résistance absolue*; 2° à l'effort dirigé perpendiculairement à leurs fibres; cette résistance prend le nom de *verticale*; 3° la résistance à la rupture par un effort dirigé perpendiculairement à la longueur, ou résistance *horizontale*.

1° RÉSISTANCE ABSOLUE.

Il résulte des diverses expériences, que la résistance absolue du bois de chêne est de 960 kilogrammes par centimètre carré de la surface ou coupe perpendiculaire à la direction de l'effort de traction; en sorte que, connaissant en centimètres carrés la surface de la section perpendiculaire aux fibres de la pièce de bois, il suffit de multiplier 960 kilogrammes par le nombre qui exprime cette surface, pour avoir sa résistance absolue. Ainsi, une pièce de bois de chêne équarrie, dont le côté serait de 16 centimètres 1/4, aurait une surface de coupe de 264 centimètres carrés. Sa résistance, à l'effort de traction, serait exprimée par $960 \times 264 = 253440$ kilogrammes. En réduisant au dixième, comme le prescrit Rondelet, la charge que cette pièce pourrait supporter d'une manière continue serait 25344 kilogrammes.

2° RÉSISTANCE VERTICALE.

La résistance verticale est le plus grand poids dont on puisse charger une pièce verticale, de manière à refouler ses fibres. Les différentes expériences faites par Rondelet, l'ont conduit aux résultats suivants :

1° Si une pièce de bois de chêne est trop courte pour pouvoir ployer sous l'effort qu'on exerce sur elle, la force qu'il faut pour écraser ou refouler ses fibres est, terme moyen, 424 kilogrammes par centimètre carré de sa base ou de son équarrissage ;

2° La résistance ne diminue pas sensiblement pour une pièce équarrie dont la hauteur ne dépasse pas sept à huit fois la largeur de sa base ;

3° Une pièce de bois peut céder en pliant, dès que sa hauteur est égale à dix fois la largeur de sa base ;

4° Une pièce de bois n'est plus susceptible d'aucune résistance, dès que la hauteur est égale à seize fois la largeur de sa base.

Une pièce de bois diminue de force pour résister à un effort de compression dans le sens de ses fibres, dès qu'elle commence à fléchir. La force de résistance décroît suivant la progression suivante :

$$\text{Pour un cube dont la hauteur est } 1 \quad \text{la force est } 1 \text{ ou } \tfrac{24}{24}.$$
$$\text{Pour une pièce dont la hauteur est } 12 \quad — \quad \tfrac{5}{6} — \tfrac{20}{24}.$$
$$— \qquad — \qquad 24 \quad — \quad \tfrac{1}{2} — \tfrac{12}{24}.$$
$$— \qquad — \qquad 36 \quad — \quad \tfrac{1}{3} — \tfrac{8}{24}.$$
$$— \qquad — \qquad 48 \quad — \quad \tfrac{1}{6} — \tfrac{4}{24}.$$
$$— \qquad — \qquad 60 \quad — \quad \tfrac{1}{12} — \tfrac{3}{24}.$$
$$— \qquad — \qquad 72 \quad — \quad \tfrac{1}{24} — \tfrac{2}{24}.$$

Il résulte, de là, que la résistance verticale du bois de chêne, qui est 424 kilogrammes pour un centimètre carré de base, ne serait plus que de 17 kilogrammes $\tfrac{2}{3}$ pour une pièce dont la longueur est égale à 72 fois la largeur de sa base.

Si la base d'un poteau était un rectangle au lieu d'un carré, il faudrait, pour déterminer la plus grande hauteur à donner à ce poteau, multiplier les deux dimensions de l'équarrissage l'une par l'autre, pour avoir la surface de cet équarrissage et extraire la racine carrée que l'on considérerait comme le côté d'un carré parfait. Si, par exemple, les deux dimensions de l'équarrissage d'un poteau étaient 18 centimètres et 25 centimètres, la surface de la base serait $18 \times 25 = 450$ centimètres carrés ; la racine carrée de 450 qui est 212 millimètres exprimerait le côté du carré d'après lequel on devrait calculer la hauteur du poteau.

Quant aux charges qu'on peut faire supporter d'une manière continue aux poteaux, on prend toujours le dixième de la résistance déterminée comme nous venons de le dire.

3° RÉSISTANCE HORIZONTALE.

La résistance horizontale est le plus grand poids que puisse supporter dans son milieu, sans se rompre, une pièce de bois placée horizontalement sur deux points fixes, la longueur de la pièce étant mesurée d'un point d'appui à l'autre.

Une pièce de bois placée comme nous venons de le dire, plie lorsqu'on la charge d'un poids suffisant, et souvent même par l'effet de son propre poids, lorsque les dimensions de son équarrissage sont trop faibles par rapport à sa longueur. Tant que la courbure que prennent les fibres ne dépasse pas certaines limites, la pièce de bois peut se redresser lorsque le poids dont on l'avait chargée cesse d'agir sur elle. Mais au-delà de cette limite, bien que la courbure puisse diminuer après que le poids a cessé d'agir, la pièce ne reprend plus sa rectitude parfaite, l'élasticité de ses fibres est diminuée, et elle a perdu une partie de sa force. Les bois durs rompent souvent sans prendre préalablement une courbure sensible.

Il résulte des expériences de Buffon sur la résistance des bois, qu'une charge qui égalerait la moitié du poids qui la ferait rompre, peut la faire courber considérablement, et, comme il faut que dans les constructions, les bois ne prennent pas une courbure sensible, une pièce de bois ne doit porter que le cinquième, ou tout au plus le quart du poids qui la ferait rompre. En tenant compte de la perte de force qu'éprouve une pièce de bois qui commence à fléchir sous la charge, et de l'affaiblissement graduel de la force de ses fibres sous l'action d'une force continue, Rondelet prescrit de ne porter qu'au dixième la charge des bois posés horizontalement, pour des charges inertes. Mais si le poids dont les pièces de bois doivent être chargées, est susceptible d'acquérir un mouvement d'oscillation, il convient de ne faire supporter aux bois qu'une charge tout au plus d'un douzième de celle qui pourrait les rompre.

Si l'on voulait faire entrer dans la théorie de la résistance des pièces de bois tout ce qui peut la modifier, on obtiendrait des formules si compliquées, qu'on manquerait de temps pour en faire des applications aux différents cas que présentent les constructions. La formule la plus simple, et qui se vérifie le mieux jusqu'ici, est celle de Galilée, qui n'est cependant vraie exactement que dans certains cas particuliers, notamment dans celui d'une homogénéité et d'une rigidité parfaites dans toute l'étendue et entre toutes les pièces de bois. Cette formule suffit cependant pour la pratique, surtout en admettant qu'on se fait une loi de ne jamais faire porter à une pièce de bois plus du dixième de la charge qui la ferait rompre.

Cette formule est basée sur le principe que la résistance d'une pièce de bois équarrie posée par ses deux bouts sur deux appuis, est, en raison directe de son épaisseur horizontale, en raison du carré de son épaisseur verticale et en raison inverse de sa longueur, ce qui est exprimé par la formule

$$R = \frac{f \times e \times h^2}{l}$$

dans laquelle R représente la résistance de la pièce de bois, ou le poids sous lequel elle romprait, e son épaisseur horizontale, h son épaisseur verticale, l sa longueur, et f un coefficient constant qui dépend de la force du bois et que l'on ne peut déterminer qu'en le déduisant de l'expérience. Ce coefficient constant pour le bois de chêne est $f = 4^{kilo.},55$ par millimètre carré d'équarrissage, toutes les dimensions de la pièce étant dans le calcul, exprimées en millimètres.

Proposons-nous, par exemple, de déterminer la charge nécessaire pour rompre une pièce de bois de chêne de 6 mètres ou 6000 millimètres de longueur, de 271 millimètres d'épaisseur verticale et de 160 millimètres d'épaisseur horizontale. La formule citée plus haut donnera

$$R = \frac{4^k,55 \times 160 \times 271^2}{6000} = 8479 \text{ kilogrammes.}$$

En réduisant au dixième, la pièce de bois en question pourra supporter une charge de 848 kilogrammes.

La résistance croissant comme le carré de l'épaisseur verticale, les bois méplats doivent toujours être posés sur leur plus petite épaisseur.

Quand la charge est placée en un point autre que le milieu, pour calculer la résistance, on détermine les poids qu'il faudrait pour rompre des pièces qui auraient une longueur double de la distance de chaque extrémité au point où la charge est posée ; on multiplie ces deux poids par leur distance à chaque extrémité, et on prend la moitié de la somme de ces deux produits.

Supposons une pièce de bois de chêne de 150 millimètres d'équarrissage et de 6 mètres ou 6000 millimètres de longueur. Proposons-nous de déterminer la charge qu'on devrait placer à 2 mètres d'un des appuis et à 4 mètres de l'autre pour la faire rompre.

On cherche par la formule $R = \frac{feh^2}{l}$ le poids qu'il faudrait placer au milieu d'une pièce de bois de 150 millimètres d'équarrissage et de 4 mètres ou 4000 millimètres de longueur pour la rompre.

La valeur de R donne $\frac{4,55 \times 150^3}{4000} = 3655$ kilogrammes. Le poids qu'il faudrait placer au milieu d'une pièce de bois du même équarrissage et de 8000 millimètres de longueur est $\frac{4,55 \times 150^3}{8000} = 1826$ kilogrammes.

La somme de ces poids est 5479 kilogrammes, dont la moitié est 2739 kilogrammes, tandis que l'effort nécessaire pour la rompre par une charge placée en son milieu n'est que de 2436 kilogrammes.

Si au lieu de placer la charge en un seul point, on la distribue sur plusieurs points de la longueur de la pièce, on raisonnera pour chaque point d'application comme on vient de le faire pour un seul : on fera la somme des différents résultats et on la divisera par le nombre de points d'application.

Soit, par exemple, une pièce de bois de chêne de 6 mètres de longueur et de 150 millimètres d'équarrissage. On veut la charger à 1 et à 4 mètres d'une de ses extrémités, et par conséquent à 5 et à 2 mètres de l'autre. La charge nécessaire, pour rompre en la plaçant à 1 mètre d'un des appuis, est donnée par la demi-somme de deux poids, dont l'un est $\frac{4{,}55\times150^3}{2000}=7307$ kilogrammes, et l'autre est $\frac{4{,}55\times150^3}{10000}=1461$, demi-somme qui est 4384 kilogrammes. La charge nécessaire pour rompre, par un poids placé à 4 mètres de la première extrémité et à deux mètres de la seconde, est donnée par la demi-somme de deux poids dont l'un est $\frac{4{,}55\times150^3}{8000}=1826$ kilogrammes, et l'autre est $\frac{4{,}55\times150^3}{4000}=3655$ kilogrammes, demi-somme qui est 2759 kilogrammes. En additionnant 4384 et 2759 et prenant la moitié du résultat, puisqu'il y a deux points d'application, on trouve 3562 kilogrammes pour la charge qui, ainsi distribuée, ferait rompre la pièce.

Il résulte de là qu'une pièce de bois est capable de supporter une charge beaucoup plus considérable, quand, au lieu de la placer sur son milieu, on la répartit sur la longueur de la pièce.

Quand elle est répartie uniformément sur toute la longueur, la pièce peut supporter le double du poids qu'elle supporterait si ce poids était placé sur son milieu.

Dans le calcul des résistances horizontales, tel qu'il vient d'être fait, la pièce était supposée placée librement sur deux appuis par ses deux extrémités. Si chacune des extrémités était encastrée solidement dans un bâti inébranlable, la résistance est augmentée du tiers et même de la moitié de ce qu'elle est dans le premier cas. Si une seule de ses extrémités est encastrée, la résistance n'est que la moitié de ce qu'elle est dans le premier cas.

RÉSISTANCES DES DIFFÉRENTES SORTES DE BOIS.

Tout ce que nous avons dit précédemment est relatif aux résistances que présente le bois de chêne. La table suivante donne le moyen de calculer par une simple proportion les résistances des autres bois quand on a calculé celles d'une pièce de chêne de mêmes dimensions :

NOMS DES ESPÈCES DE BOIS.	RÉSISTANCES			POIDS D'UN MÈTRE CUBE EN KILOGRAMMES.
	HORIZONTALES.	VERTICALES.	ABSOLUES.	
Chêne................	1000	807	1871	1170
Châtaignier..........	957	950	»	632
Frêne...............	1072	1112	1800	845
Hêtre...............	1031	986	2480	852
Mûrier..............	981	1031	1050	»
Noyer...............	900	753	1120	653
Orme................	1077	1075	1980	800
Peuplier d'Italie.......	586	680	940	585
Platane.............	728	850	1916	728
Sapin...............	918	850	1250	660
Saule...............	950	807	1880	421
Tilleul..............	750	717	1406	604
Tremble.............	624	717	1293	»
Aulne...............	744	780	2080	»

Si on veut trouver la résistance absolue d'une pièce de bois d'orme de $0^m,16\frac{1}{4}$ d'équarrissage, ayant trouvé que celle d'une pièce de chêne de même équarrissage était 253440 kilogrammes, on établit la proportion

$$1871 : 1980 :: 253440 : x = 268204^{\text{kilog}}.$$

Celle d'une pièce semblable de peuplier d'Italie serait donnée par

$$1871 : 940 :: 253440 : x = 127329^{\text{kilog}}.$$

La résistance verticale d'un cube de chêne étant 424 kilogrammes par centimètre carré, celle d'un cube semblable de hêtre sera donnée par la proportion

$$807 : 986 :: 424 : x = 518^{\text{kilog}}.$$

et celle d'un cube de frêne par la proportion

$$807 : 1112 :: 424 : x = 584^{\text{kilog}}.$$

Nous avons trouvé 8479 kilogrammes pour la résistance horizontale d'une pièce de chêne de 6 mètres de longueur, 160 millimètres d'épaisseur horizontale et 271 millimètres d'épaisseur verticale : on aura celle d'une pièce semblable de sapin par la proportion

$$1000 : 918 :: 8479 : x = 7783^{\text{kilog}}.$$

et celle d'une pièce semblable de peuplier par

$$1000 : 586 :: 8479 : x = 4969^{\text{kilog}}.$$

RÉSISTANCE D'UNE PIÈCE DE BOIS INCLINÉE.

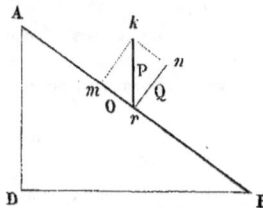

Soit AB une pièce de bois inclinée à l'horizon. On connaît AD, qui est la hauteur verticale de son extrémité supérieure, et sa projection horizontale BD. Soit P un poids dont elle est chargée à son milieu r. L'action du poids P suivant la verticale rk peut être décomposée en deux, l'une Q représentée par nr, perpendiculaire à la direction de la pièce, et l'autre O représentée par mr, parallèle à cette même direction. La composante Q est la seule force qui presse la pièce AB. Pour en déterminer la grandeur, on remarquera que les triangles krn, ABD étant semblables, les côtés homologues donnent la proportion $rn : kr :: BD : AB$ ou $Q : P :: BD : AB$, d'où on tire $Q = P \times \dfrac{BD}{AB}$.

Si par exemple la pièce AB avait 5 mètres de longueur et que la hauteur AD en eût 4, la projection BD serait de 3 mètres, et un poids de 200 kilogrammes placé en r sur AB exercerait sur cette pièce une pression exprimée par $\dfrac{200 \times 3}{5} = 120^{\text{kilog}}.$

EXPLICATION DES PLANCHES.

PLANCHE Ire

Des Assemblages.

Un ASSEMBLAGE est la réunion de deux ou de plusieurs pièces de bois combinées de manière à former un tout. Pour opérer cette réunion, on taille les pièces par Tenons et par Mortaises. Le TENON est le bout d'une pièce de bois diminuée de son épaisseur dans une forme quelconque. La MORTAISE est un trou pratiqué dans le bois, de la forme exacte du Tenon. L'épaisseur du Tenon doit être égale au tiers de la prise de bois dans lequel il est pris. La Mortaise doit avoir, pour profondeur, la longueur du Tenon. Les Joues sont les parties du bois qui sont à chaque côté de la mortaise; pour que l'assemblage soit solide, il faut que les Tenons entrent de force en la Mortaise.

Assemblage à QUEUE D'HIRONDE est nommé ainsi par la ressemblance qu'il a avec la queue de l'hirondelle, on s'en sert pour rallonger des pièces de charpente; dans les assemblages de planchers, les Retours d'équerre en menuiserie, il joue un grand rôle.

Assemblage à TRAIT DE JUPITER. Cet assemblage est composé d'entailles à redans formant des angles aigus, il s'emploie pour composer un Tirant de plusieurs pièces jointes ensemble par boulons et écrous ou liens en fer, il convient mieux d'employer cet assemblage pour les pièces verticales que pour celles horizontales destinées à recevoir des charges.

MOISES sont des pièces assemblées, elles servent à empêcher d'autres pièces de plier.

FIG. 1re. Assemblage dit ENTURE à un tenon.

FIG. 2. POTEAU CARRÉ, enté à Mortaise entaillée, et Tenon épaulé à l'une de ses faces.

FIG. 3. Assemblage de deux pièces de bois entées à Mortaises et entaillées en Équerre.

FIG. 4. POTEAU ENTÉ à double enfourchement, formé de quatre entailles qui reçoivent les quatre tenons épaulés.

FIG. 5. Assemblage à Tenon et Mortaise pour la construction des parapets, palissades et barrières.

FIG. 6. Assemblage ordinaire à Tenon et Mortaise, cheville passant dans le tenon et la mortaise.

FIG. 7. Assemblage à PAUME BIAISÉE avec sa clef.

FIG. 8. Assemblage par simple ENTAILLE à Mi-bois.

FIG. 9, 10, 11, 12. Différents assemblages qui s'opposent à l'écartement et à la disjonction, dans le cas où l'une des pièces y serait disposée par un effort de tirage à son extrémité.

FIG. 13. Assemblage de deux pièces à Tenon et Mortaise.

FIG. 14. Assemblage à double Tenon et Mortaise.

FIG. 15. Assemblage à Tenon et Mortaise avec renfort à mordant.

FIG. 16. Assemblage à double PAUME grasse et à double REPOS.

FIG. 17. Assemblage à simple BOUT A BOUT, à Mi-bois.

FIG. 18. Assemblage à Mi-bois et à Queue d'Hironde.

FIG. 19. Assemblage à Mi-bois et à double Queue d'Hironde, c'est un assemblage des plus solides.

FIG. 20. Trait de Jupiter simple avec sa clef.

FIG. 21. Trait de Jupiter avec sa Clef dans son milieu et Tenon à ses extrémités.

FIG. 22. Trait de Jupiter à double coupe et deux clefs, consolidé en outre dans le milieu de l'assemblage par un étrier avec rondelle et écrous.

2

PLANCHE II.

Poutres armées, Planchers.

Les Poutres armées sont des pièces de bois assemblées entre elles, pour présenter le plus de résistance possible dans le sens des lignes suivant lesquelles les tensions ou pressions s'exercent. Elles servent à supporter une grande charge, l'assemblage qui convient le mieux est celui dit à crémaillère.

Fig. 1. Poutre en deux pièces réunies par des boulons A, B, C, D, etc.

Fig. 2. Poutre composée de deux pièces de bois superposées l'une à l'autre, suivant une surface de contact en forme de crémaillère et avec des vides réservés pour y introduire les clefs de pression A, B, C.

Fig. 3. Poutre armée de deux arbalétriers A, B, qui se réunissent à un poinçon, lequel est maintenu fortement par un étrier avec écrous de pression.

Fig. 4. Poutre armée, formée de deux arbalétriers A, B, qui sont contre-butés par une pièce horizontale C laquelle se trouve fixée à la poutre par deux étriers.

Fig. 5. Poutre armée de deux arbalétriers A, B, butant un poinçon C qui repose sur la poutre et maintenu à l'extrémité de la poutre par deux boulons à tête et écrous, une agrafe D achève de fixer solidement cet assemblage.

Fig. 6. Poutre composée de diverses pièces A, B, C superposées, maintenues par les boulons D, E, F, G, H, I, etc., et liées entre elles par les clefs M, N, P, Q, R, S.

Fig. 7. Poutre armée, composée de deux arbalétriers A, B, placés dans une entaille faite par moitié dans les pièces accouplées, le tout relié par les boulons C, D, E, F, G, H, I, J, K.

Fig. 8. Poutre armée, composée de deux pièces accouplées contenant à mi-entaille pour chacune une âme en fer forgé dont les abouts sont épatés et butent les extrémités des pièces suivant la charge qu'elles ont à supporter; A, poutre; B, bande de fer forgé; C, coupe des deux pièces et de la bande de fer; D, E, F, boulons pour la pression des pièces.

Fig. 9. Plancher ordinaire, formé de solives parallèles, scellées dans les murs; A, solive d'enche-vêture; B, C, limoirs supportés par des étriers en fer; C, D, E, F, G, H, solives de remplissage; P, Q, R, châssis en fer forgé servant à supporter l'âtre de la cheminée.

Fig. 10. Plancher ordinaire dans lequel les solives ont une extrémité scellée dans le mur, et sont supportées intérieurement par une poutre A; B, C, solives d'enchevêtrure; C, Chevêtre.

Fig. 11. Plancher ordinaire dans lequel les solives sont assemblées à tenons et mortaises avec les limoirs A, A, et sont supportées à l'autre extrémité par les Lambourdes B, C, qui sont fixées à la poutre C par des broches en fer sous chacune des solives.

On peut aussi remplacer les broches par des étriers en fer posés à cheval sur les poutres comme les figures 14 et 15 le font voir.

Fig. 12. Plancher composé de pièces de petite dimension, qui s'assemblent à mi-bois dans la Lambourde fixée horizontalement le long des murs et sur le milieu des poutrelles à entaille à mi-bois, ou tenons et mortaises, le tout relié aux assemblages par des agrafes entaillées de leurs épaisseurs.

Ces poutrelles formant des compartiments réguliers, sont recouvertes d'un double rang de planches jointes à rainure, et languettes posées en liaisons clouées sur elles, et d'un second rang, en travers des premières; A, Lambourde; B, Poutrelle; C, Agrafe pour maintenir l'assemblage.

Fig. 13. Plancher à compartiments dans lequel on peut employer des bois de toute force et de toute longueur, seulement il faut avoir soin que le premier rang de planche pose sur toutes les solives, ce qui exige qu'elles soient toutes de niveau et dans un même plan à la partie supérieure.

A Coyers, B Poutrelles, C Solives, D Lambourdes, afin d'éviter les entailles dans les poutrelles.

Ces deux derniers planchers sont exécutés particulièrement dans les grandes salles des édifices publics, où nos architectes cherchent à allier la décoration à la construction, en profitant des embranchements polygonaux et des formes régulières, ainsi que des renfoncements symétriques entre les poutrelles.

Fig. 14. Détails de la rencontre des Poutrelles avec une poutre; A, Poutre; B, Poutrelle; C, Lambourde; D, Fer à cheval sur la poutre et supportant les deux lambourdes.

Fig. 15. Détail et perspective d'un Étrier supportant une ou deux poutrelles, qui évite l'assemblage, par tenon et mortaise; A, Poutrelle; B, Étrier en fer à double courbure.

PLANCHE III.

Étais, Pans de bois avec et sans enduits.

Les ÉTAIS sont des pièces placées temporairement pour soutenir les parties du bâtiment où se font les percées, les prises et autres changements ou réparations.

Fig. 1re. Chevalement nécessaire pour démonter une poutre armée en mauvais état et la remplacer par une plate-bande.

La figure fait voir aussi qu'il faut étressillonner les croisées de l'étage au-dessus, en mettant des plates-formes le long des jambages avec des Étressillons au travers, pour contre-latter les trumeaux entre ces baies; A, Étais; B, Chapeau; C, Poutre armée ou poitrail; D, Couchis; E, Étressillons; F, Plates-formes.

Fig. 2. Étayement intérieur pour le support d'un Plancher; A, Étais; B, Couche ante; C, Couchis.

Fig. 3. Étayement d'une Voûte en forme de berceau.

Fig. 4. Étayement d'une Croisée ou Porte.

Fig. 5. Étayement d'une Arcade.

Fig. 6. Étayement d'une Voûte en forme ogivale.

Fig. 7. Étayement des Terres dans une tranchée.

Fig. 8. Étayement d'un Pont.

Fig. 9. Disposition d'un Pont en bois, ou étayement d'une Chaussée par des pièces de charpente fixées entre elles par des pièces moisées et boulonnées.

Fig. 10. ⎰ Construction d'une Maison en bois, et dont la moitié de la façade est déjà recouverte
Fig. 11. ⎱ de son enduit; A, Sablière; B, Poteaux-corniers; C, Poteaux d'huisserie; D, Poitrail; E, Remplissage; F, Potelets; G, Linteaux; H, Décharges.

PLANCHE IV.

Variété des fermes pour les différents édifices et les constructions particulières.

Les COUVERTURES des constructions se composent de deux parties; savoir:

La partie apparente qui rejette au-dehors les eaux pluviales; et la charpente qui, à l'intérieur, soutient cette partie ou surface apparente; pour le moment, nous parlerons seulement des charpentes, mais nous donnerons plus loin les pentes qu'elles doivent présenter, suivant l'emploi d'un recouvrement en Tuiles creuses, Tuiles plates, Ardoises, Plomb, Zinc.

Les COMBLES des constructions peuvent présenter les formes coniques, pyramidales, cylindriques, et prismatiques.

Les charpentes établies sur les constructions en forme de rectangle à la base, se composent de fermes distantes de trois à quatre mètres, de plusieurs pièces qu'on appelle Pannes, posant sur les fermes dans le sens longitudinal, ayant entre elles une distance de deux mètres environ, et d'une suite de Chevrons cloués transversalement sur les pannes.

On appelle Pignon le cas où les murs extrêmes sont terminés suivant les pentes de la couverture, et l'on dit alors que la couverture n'a que deux Pans ou deux Egouts; dans le cas contraire, les extrémités présentent des coupes. Il est facile de voir aussi qu'un mur intérieur peut tenir lieu de ferme quand il est construit jusqu'à la hauteur des égouts.

Fig. 1. Ferme simple se composant des pièces suivantes: A Tirant, B Entrait, C Poinçon, D Faîtage, E Contre-fiche, F Arbalétrier, G Pannes, H Tasseaux, I Chevrons, J Sablière.

Fig. 2. A Tirant, B Poteau montant, V Aisseliers, X Lierne qui lie l'entrait U en moise double, T Lierne haute. G Poinçon, H Contre-fiche, K Contre-fiche, L Pannes, M Tasseaux, C Blochets, Q Sablière, R Potelet.

Fig. 5. Autre construction, A Tirant, B Jambe de force, C Blochet, D Clef-vaisseliers, E Entrait, I Jamblette, K Contre-fiche, L Pannes, M Tasseaux, F Arbalétriers, V Lierne, O Chevrons, Q Sablière.

Fig. 4. Cette figure donne la coupe faite dans la longueur d'un comble et suivant la pièce Faîtière; A Tirant, B Entrait Moisé, C Pannes, D Sablière, E Chevrons.

Fig. 5. Système se composant des pièces suivantes: A Tirant, B Entrait Moisé, C Jambes de force Moisées soutenant l'Entrait à son extrémité.

Fig. 6. Comble en forme de berceau à la convenance des édifices religieux, Salle d'assemblée, Galerie, etc.

Fig. 7. Comble à la Philibert Delorme, construit avec des madriers de sapin assemblés de champ et moisés.

Fig. 8. Comble brisé et appelé vulgairement en Mansarde, à cause de notre célèbre architecte Mansard qui, le premier, songea à l'exhaussement des fermes, afin d'utiliser les combles en disposant de petites pièces connues sous la dénomination de Mansardes.

Fig. 9. Plus tard les Combles en brisés ou à la Mansard, obtinrent une grande vogue, et nos architectes les affectèrent en général aux constructions particulières et à tous les édifices publics; 1° à cause de l'effet imposant que présentent toujours ces sortes de combles; 2° de l'écoulement facile des eaux, et enfin de l'emplacement obtenu qui peut servir d'appartements mansardés ou de vastes dépôts.

Fig. 10. Charpente du comble de la manutention des vivres à Paris.

Fig. 11. Détail de la Poutre armée qui se trouve dans l'entretoise du plancher du comble. Le système est formé de deux Arbalétriers A qui s'assemblent dans un poinçon refendu B, lequel presse les Arbalétriers au moyen du Coin C, afin de donner le plus de raideur possible à la Poutre M.

Fig. 12. Charpente disposée pour le support d'une couverture lourde; A, Tirant; B, poinçon Moisé; C, Faux arbalétrier; D, Trait de Jupiter pour le raccordement des deux pièces dont se compose le tirant.

Fig. 13. Comble surhaussé ou gothique convenant principalement aux édifices religieux.

Fig. 14. } Fig. 15. { Partie d'une Coupole en charpente dans laquelle les remplissages entre les fermes sont en planches, les pieds de ces fermes de remplissage seraient fixés aux points a, b, c, d, e; au point M aurait lieu le raccommodement de deux pièces d'une ferme principale, et le détail de cet assemblage, présenté par la Figure 15, fait voir que la Lierne A serait aussi et par moitié la clef de pression du trait de Jupiter, ce point ou coupe de raccord serait maintenu en outre par deux boulons avec tête et écrou.

Fig. 16. Lucarne vue de face et de profil avec les différentes pièces qui la composent.

Fig. 17. Autre système de lucarne, dite Chien assis.

PLANCHE V.

COMPOSITION ORDINAIRE DES FERMES.

Détails d'assemblages ainsi que différents modes de couvertures.

FERMES.

Fig. 1, 2, 3, 4, 5, 6. Ces fermes dont les tirants ont une augmentation successive de 4 mètres, sont composées simplement et en proportion de l'épaisseur des murs ainsi que de leur écartement. La Théorie des forces, exposée plus loin, fera comprendre la valeur ainsi que les relations des différentes pièces qui entrent dans leur composition.

Fig. 7. Assemblage de l'Arbalétrier avec le Tirant; A, Tirant; B, Arbalétrier; C, Tenon; D, Arbalétrier placé horizontalement; E, emplacement de la mortaise qui reçoit le Tenon C.

Fig. 8. Trait de Jupiter pour le raccord des deux pièces d'un Tirant; ce trait est à double coupe comme celui présenté déjà dans la planche 1.

C, Poutre; B, Clef de pression pour le maintien de la double coupe; C, Bandes de fer forgé appliquées sur les deux faces opposées et reliées par des boulons à tête et écroux; E, Projection et perspective qui fait voir une moitié du trait.

Fig. 9. Détail d'un Tirant ou faux Entrait A maintenu par le poinçon moisé B, le tout relié par le boulon C.

Fig. 10. Ici le Tirant A est suspendu par deux bandes de fer forgé B que les Boulons C pressent contre la poutre.

Fig. 11. Détail sur la rencontre de l'Arbalétrier avec le Poinçon; A, Poinçon; B, Arbalétrier; C, Faitage; D, Profil du poinçon.

Fig. 12. Couverture en Ardoises de forme carrée ou rectangle: même système de recouvrement pour les Tuiles plates, seulement au lieu de planches au tablier, un lattis qui les maintient par le mantonnet à la partie supérieure.

Fig. 13. Profil d'une couverture en Ardoises; A, Faîtière qui supporte les chevrons; B, C, le plancher brut fixé sur les chevrons; D, Ardoises; E, Tuiles placées à la rencontre des égouts pour leur raccordement.

Fig. 14. Couvertures en Tuiles creuses; l'espacement des Lattes A, B, C, D, relativement à la longueur de la Tuile, est la seule observation à faire dans cette figure.

Fig. 15. Couverture en Tuiles plates et Tuiles creuses pour recouvrir les joints des premières.

La perspective explique bien le mode de recouvrement et l'avantage que l'on obtient en réduisant les lignes de raccord au plus petit nombre possible.

Fig. 16. Perspective qui fait voir les Tuiles d'une autre forme, mais dont le système de recouvrement est le même que le précédent.

Fig. 18. Couverture en Zinc ou Plomb; la perspective fait voir le raccord facile des deux lames au moyen de la Nervure A qui se raccorde elle-même avec la précédente par superposition.

Fig. 18. Autre système de raccordement dans lequel les bords des lames sont applatis.

Fig. 19. Ensemble comme le détail de la figure 19 le fait voir.

Les Charpentes doivent avoir différentes pentes, suivant les couvertures qu'elles ont à supporter. Pour la tuile plate et l'ardoise, les pans de couverture présentent une inclinaison égale à un demi-angle droit ou à 45°. La panne faîtière se trouve alors élevée à une hauteur qui est égale à la moitié du tirant; le nombre de Tuiles plates ou Ardoises, pour la couverture d'un mètre quarré, varie de 35 ou 40 lorsque l'échantillon présente pour dimension 0^m,20 à 0,42, 0,25 à 0,42.

Pour la Couverture en Tuiles creuses, la hauteur de la panne faîtière est réduite au quart de la longueur du tirant, c'est-à-dire que les pans de couverture présentent seulement une inclinaison de 27°; il faut 50 Tuiles pour couvrir un mètre carré; leurs dimensions sont de $0^m,40$ pour la longueur et de $0^m,20$ pour le développement de la partie courbe.

Le mètre carré en Zinc pèse $6^k,579$; le mètre carré en Ardoise pèse $18^k,50$; le mètre carré en Tuile plate pèse 90^k; le mètre carré en Tuile creuse pèse 90^k.

Le système de couverture rendu par la figure 15, peut s'appliquer avec avantage dans les constructions des édifices, mais les dimensions des tuiles plates avec rebords étant très-variables, nous ne pouvons pas donner le nombre qui serait nécessaire pour couvrir un ou plusieurs mètres carrés. La pente de cette couverture serait du reste comme celle des couvertures en tuiles creuses.

Les figures 17, 18, 19 donnent une idée des couvertures métalliques, nous ne parlerons pas des pentes qui peuvent varier, mais nous ferons seulement remarquer que dans le cas d'une grande surface à couvrir, on ne doit pas souder les lames entre elles, il faut même laisser un peu d'espace entre chaque arête, afin que le changement des dimensions ait lieu suivant les différents degrés de température, ce qui motive dans la figure 17 la nervure A qui est enroulée avec chaque arête des deux feuilles métalliques adjacentes.

PLANCHE VI.

ESCALIERS.

Détails des assemblages.

Les Escaliers sont ordinairement à base Carrée, Rectangulaire, en Fer à cheval, Ronds, Ovales, et le plus souvent établis dans une localité irrégulière.

Leur importance augmente ou diminue suivant le nombre et la dimension des appartements qu'ils desservent.

Pour exécuter un escalier suivant la trace géométrique, il faut, dans un plan carré ou circulaire, placer le Limon A (*fig.* 1) au moins à un mètre d'intervalle et toujours à égale distance des murs, entre ces deux parties, il faut encore tracer la Courbe de Marche B (*fig.* 9); cette courbe qui est celle que nous suivons, lorsqu'en montant ou en descendant, nous ne quittons pas la rampe, doit être, autant que possible, divisée en parties égales pour la plus grande commodité des escaliers; les divisions sur la courbe de marche doivent être de $0^m,25$ à $0^m,30$; la hauteur des marches doit être comprise entre $0^m,16$ à $0^m,18$. Quant à leur longueur, cette dernière dimension peut varier depuis un mètre jusqu'à 3 ou 4 mètres et au-delà.

La Rampe qui est une courbe parallèle à celle du Limon doit être à $0^m,80$ au-dessus des marches; nous pensons que ces notions premières sur la construction des escaliers, sont suffisantes pour l'intelligence des figures que nous exposons dans la sixième planche.

Fig. 1re Plan d'un Escalier à jour et à Base carrée, avec un Palier d'arrivée et deux Paliers de retour.

Fig. 2. Élévation de l'Escalier jusqu'à la hauteur d'un Étage.

Fig. 5. Départ du Limon sur les deux premières marches en pierre A, B.

Fig. 4. Continuation du Limon dans l'angle droit, et assemblage de cette pièce dans le Patin d'échiffre.

Fig. 5. Élévation du deuxième Limon dans tout son développement.

Fig. 6. Détail de la partie de Limon dans l'angle de la cage, assemblages à Tenons et Mortaises.

Fig. 7. Assemblage en Crochet de deux Limons droits, Tenon et Mortaise, et le tout boulonné par une tige, A. garnie d'une rosette à chaque extrémité.

Fig. 8. Portion d'un Escalier à double révolution dans laquelle la marche Palière et une portion du Limon sont fixées par boulons à la Poutre formant le Palier; A, Poutre; B, Limon; C, Marche; D, Boulon.

Fig. 9. Plan d'un Escalier en vis St.-Gilles.

Fig. 10. Élévation de cet Escalier jusqu'à l'entre-sol et continuation pour aboutir à l'étage.

On a eu, dans la construction de l'Hélice, le moyen de tracer en élévation les Limons élevés sur des bases circulaires.

Fig. 11. Départ du Limon A sur une marche en pierre de taille B.

Fig. 12. Élévation d'un Escalier circulaire à jour, avec les marches apparentes profilées à leur retour sur le Limon.

Fig. 13. Profil détaillé de l'assemblage des Marches avec les Sous-marches.

Fig. 14. Détail d'un Limon droit avec les marches profilées en équerre, le boulon posé intérieurement pour maintenir le point de coupe, le tout maintenu par une bande en fer forgé entaillée et vissée dans la partie rampante.

Fig. 15. Portion d'un Escalier dont les marches massives sont assemblées deux à deux par des boulons intérieurs avec rosette et écrous.

Fig. 16. Profil qui fait voir, du côté de la partie à jour, l'incrustation d'une bande de fer pour s'opposer à la disjonction des marches.

MENUISERIE.

PLANCHE I^{RE}

Petits Escaliers, Parquets.

Les Petits Escaliers dont nous voulons parler, sont ceux que les menuisiers établissent dans les Magasins, les Cafés et autres Établissements, où l'on sent la nécessité d'une communication facile et immédiate avec l'étage supérieur.

Fig. 1re. Cet Escalier qui est celui de la forme la plus élégante, présente aussi le plus de difficultés pour l'exécution, tant pour le tracé que pour l'ajustement des assemblages et la pose.

Pour exécuter cet escalier, dit à NOYAU A JOUR, on tracera la circonférence A, dont le diamètre doit avoir au moins 1^m,20 à 1^m,50, on tracera ensuite la circonférence B, qui donne le noyau à jour, puis enfin la courbe de marche C, sur laquelle le compas devra donner autant de divisions égales que de marches il y a pour aboutir au palier N, et par la disposition M des premières marches à partir du sol; on voit d'abord que la marche Palière N pourra se fixer à volonté, afin d'arriver le plus convenablement à l'étage.

Comme nous l'avons déjà dit, la hauteur et la largeur des marches sont à peu près constantes, pour tous les escaliers en général.

Dans la figure Ire, elles auraient, comme les côtés l'indiquent, 0^m,16 de hauteur et 0^m,26 de largeur sur la courbe de marche.

Quand à la longueur, elle est ordinairement de 0^m,50 à 0^m,60, dimension suffisante pour le passage d'une personne, et avantageuse aussi pour la légèreté qui convient à ces escaliers. La figure première présente 21 marches, y compris le palier d'arrivée. Lesquelles marches donnent une hauteur totale de 3^m,36 ou dix pieds environ pour la hauteur de l'étage.

Fig. 2. Cet escalier d'un autre genre est dit à NOYAU COULANT à cause de la pièce verticale qui remplace le limon intérieur, et dans laquelle des entailles reçoivent les extrémités des marches et contre-marches; quoique d'une construction moins gracieuse que celui de la figure Ire, il est souvent préféré, pour les raisons de simplicité, de solidité et d'économie.

Nous croyons pouvoir nous dispenser de parler des côtés qui sont les mêmes que dans la figure Ire.

Fig. 3. Ce nouvel escalier qui n'a rien de commun avec les précédents serait établi dans un plan carré ou rectangle de dimensions exigues; il serait à noyau à jour à cause de son Limon tournant; quant aux moyens d'attache après les parois, des portions de limons droits, en forme de crémaillère, y seraient fixées par des crampons, et recevraient les Abouts des marches et contre-marches; les côtés de cet escalier sont encore les mêmes que celles de la figure 1re.

Fig. 4.
Fig. 5. } Différents Parquets pour les appartements décorés.
Fig. 6.

Fig. 7. Coupe qui donne les Augets en plâtre entre les gîtes du parquet de la Fig. 6.

PLANCHE II.

Assemblages de Menuiserie et Clôture.

Fig. 1re. Assemblage pour Poteaux.
Fig. 2. Assemblage à Onglet et par Tenon.
Fig. 3. Assemblage à Queue d'Hironde.
Fig. 4. Assemblage à Clef.
Fig. 5. Assemblage à Onglet simple.
Fig. 6. Autre assemblage à Queues d'Hironde.
Fig. 7. Assemblage à Trait Droit et à Mi-bois.
Fig. 8. Elévation d'une Porte avec son Chambranle, les deux Vanteaux et la Corniche.
Fig. 9. Coupe sur le Chambranle et le Montant d'une porte simple; A, Chambranle; B, Montant ou Encadrement de la porte; C, Panneau; D, Ébrasement; E, Pivot ou Gond sur lequel roule la porte.
Fig. 10. Elévation d'une Persienne.
Fig. 11 et Fig. 12. Coupes en largeur et en hauteur.
Fig. 13. Elévation d'une Fenêtre dite à la Française.
Fig. 14 et Fig. 15. Coupes en largeur et en hauteur.
Fig. 16. Détail relatif à la fermeture de la Fenêtre dite à la Française.
Fig. 17, 18 et 19. Portion et coupe sur un Vantail de clôture.
Fig. 20. Détail relatif à l'ajustement des Traverses avec les Pièces d'encadrement.

FERRONNERIE ET SERRURERIE.

DU FER EN GÉNÉRAL.

Le fer considéré relativement à son usage dans l'art de bâtir, est la plus forte des matières qu'on emploie dans les diverses constructions.

Cette qualité le rend très-propre à relier d'une manière solide et moins coûteuse, parce qu'il supprime des efforts auxquels il faudrait opposer des masses considérables ou des matériaux de grandes dimensions, difficiles à transporter et à mettre en œuvre.

On peut empêcher le fer de s'oxcider en l'enduisant de matières grasses; on vient à bout de le préserver de la rouille en l'enduisant de goudron : en France, on fait usage de minium broyé à l'huile ou on le galvanise.

Presque tous les fers employés dans une construction agissent en tirant et résistent aux efforts d'écartement par leur tenacité; c'est là une propriété qui constitue la force du fer et qu'on peut augmenter en le forgeant.

EXTRACTION DU FER.

Considérées métallurgiquement, les mines de fer se divisent en deux classes :
1° Les mines terreuses,
2° Les mines en roche.

Les minerais de fer terreux ne sont jamais grillés, on se contente de les laver pour les débarrasser en partie des terres argileuses ou calcaires qui les enveloppent; lorsqu'ils sont en masse, on les concasse, et quelquefois on en fait un triage à la main.

Les minerais de fer en roche n'exigent ni lavage ni bocardage, mais on est quelquefois obligé de les griller, afin de séparer le souffre et l'arsenic qu'ils pourraient contenir. Lorsque les minerais de fer ont reçu ces préparations premières, on procède à leur fusion.

FUSION DES MINERAIS.

Les fourneaux les plus généralement employés ont la forme de deux troncs de pyramides ou de cônes réunis par leurs grandes bases; la hauteur de la partie inférieure dans laquelle se développe la plus grande chaleur et où s'opère la fusion complète de toutes les matières, n'est que le tiers de la hauteur totale des fourneaux; celle-ci varie de 7 à 12 mètres dans ceux qui consomment du charbon de bois, et de 12 à 20 mètres dans les fourneaux où l'on emploie le charbon de houille dit cooke : on les désigne tous par la dénomination de *hauts-fourneaux*.

Les hauts-fourneaux se chargent par la partie supérieure, c'est-à-dire par le *gueulard*. D'abord on les remplit de charbon; lorsqu'ils sont élevés à une très-haute température, on les entretient toujours pleins en y versant alternativement une certaine quantité de minerai, de charbon, et ordinairement d'un fondant argileux ou calcaire; la matière s'affaise peu à peu, met un temps plus ou moins long à descendre du gueulard dans le creuset, et se transforme en *fonte*, en *laitier* et en produits volatils dus à la combustion du charbon.

5

La fonte se rassemble dans le creuset à mesure qu'elle fond; le laitier, masse de verre opaque, s'y rassemble aussi, mais recouvre toujours la fonte et s'écoule au bout d'un certain temps le long de la plaque nommée *dame*, par une ouverture située au bord du creuset.

Lorsque le creuset est presque plein de fonte, on arrête le soufflet et on débouche avec un ringard la partie qu'on tient fermée avec de l'argile, la fonte incandescente coule et se rend dans un sillon sablonneux, creusé dans le sol de la fonderie; elle s'y moule en un long prisme triangulaire dont les extrémités sont efilées et prend le nom de *gueuse*. Alors on bouche la percée, on remet les soufflets en mouvement, et on forme la matière d'une nouvelle coulée; on continue ainsi jusqu'à ce que le fourneau ait besoin de réparations.

DES FONTES.

On distingue deux espèces de fonte, la fonte *blanche* et la fonte *grise*.

La fonte blanche est dure et cassante, elle a une cassure lamelleuse; lorsqu'on la fond dans un creuset bien fermé et qu'on la laisse refroidir lentement, elle devient douce et grise : si au contraire son refroidissement est prompt, elle reste aigue et blanche.

La fonte grise est généralement douce ou du moins se laisse limer et tourner facilement.

La fonte de fer n'étant ni malléable ni ductile, ne saurait être employée que pour fabriquer économiquement, par le moulage, des objets pour lesquels les propriétés ne sont d'aucune utilité; mais si l'on veut obtenir du fer *doux, ductile, susceptible d'être plié, forgé, soudé*, il faut affiner la fonte, c'est-à-dire la débarrasser du charbon et du laitier qu'elle contient.

FABRICATION DU FER.

L'affinage de la fonte se pratique ordinairement dans un fourneau qu'on appelle *feu* ou *foyer d'affinerie*; il consiste principalement en une cavité carrée de 0^m,60 de côté, et de 0^m,50 à 0^m,60 de profondeur, revêtue intérieurement de plaques de fonte très-épaisses dont l'une est percée pour le passage du laitier. La cavité est pratiquée dans un massif de briques et recouverte d'une cheminée en hotte, liée d'un côté au massif par un mur, ce qui donne au fourneau l'aspect d'une forge de serrurier.

Lorsque l'on veut commencer l'affinage, on remplit cette cavité de poussière de charbon bien battue nommée *brasque légère*; on creuse dans la brasque une cavité hémisphérique que l'on appelle *creuset*, et l'on place dans le creuset des morceaux de fonte que l'on entoure de charbon et de bois; de forts soufflets porte de l'air à travers le charbon sur la fonte. Bientôt la température est très-élevée, la fonte entre en fusion : il se forme des scories à la surface du bain, un ouvrier les écarte et remue sans cesse le bain avec un ringard : cette manipulation a pour objet de favoriser l'accès de l'air, de brûler le carbone de la fonte et de mettre le feu en liberté. A mesure que cet effet est produit, le fer se sépare et prend la forme de *grumeaux*; l'ouvrier rassemble les grumeaux en une seule masse que l'on appelle *loupe* : lorsque cette masse est assez volumineuse, il la saisit avec des pinces, la tire hors du creuset et la traine sur une plaque de fer dont est garni le sol de l'atelier.

Au même instant, plusieurs ouvriers en font suinter le laitier en le frappant avec de forts marteaux et lui donnant une forme sensiblement sphérique; on la porte ensuite sous le martinet pour la comprimer plus fortement : c'est ce qu'on appelle *cingler* la loupe, opération qui a pour objet d'en faire sortir le laitier et d'en bien souder toutes les parties, afin d'obtenir une masse homogène et bien unie, ce qui est bien important relativement à la qualité du fer.

La loupe ne peut pas prendre au premier cinglage la forme de barre qu'elle doit avoir par la suite, on est obligé de la reporter dans le fourneau, et lorsqu'elle est convenablement chaude, on la replace sous le martinet pour la forger de nouveau ; ce n'est guère qu'au quatrième feu que la loupe est entièrement forgée, et il ne reste plus qu'à lui donner les diverses formes et dimensions qu'exige ordinairement le commerce. Pour cela, on chauffe de nouveau et on fait passer dans des cylindres gradués qui lui font prendre très-promptement la forme de barres de toute espèce.

PROPRIÉTÉ PHYSIQUE, PESANTEUR SPÉCIFIQUE
ET DILATATION.

Le fer est solide à la température ordinaire, dur, à gros grains, un peu lamelleux, capable d'acquérir par le frottement une odeur sensible.

Il est très-ductile, toutefois il passe beaucoup mieux à la filière qu'au laminoir, car il existe des fils de fer d'un petit diamètre, tandis qu'il n'existe pas de lames de fer très-minces.

La pesanteur spécifique de ce métal est de $7^k,788$: c'est le plus tenace des métaux ; pour en donner un exemple, nous dirons que par suite de diverses expériences faites par des constructeurs habiles, il a été reconnu qu'un fil de fer de 2 millimètres de diamètre ne se rompt qu'au moyen d'un poids de $242^k,659^g$.

Le fer n'entre en fusion qu'à 150° : il faut une bonne forge pour le fondre ; sa dilatation par degré, de 0° à 100°, est, pour un degré centésimal, de 0,00122045.

D'après des expériences, il a été reconnu que les dilatations d'un même corps sont uniformes de 0° à 100°, c'est-à-dire que pour un certain nombre de degrés compris dans ces limites, la longueur de la barre ou tige augmente en raison directe de la fraction primitive.

FERRONNERIE.

PLANCHE Ire.

Gros fers de bâtiment, Etriers, Trémies, Poitrails, Pentures, Equerres, etc.

Fig. 1. Ancre à volute.
Fig. 2. — à double croissant.
Fig. 3. — en S.
Fig. 4. — en Y.
Fig. 5. — droit.

Ces pièces placées aux extrémités de tirants et fixées par écrous ou clavettes, servent à maintenir d'une manière stable les murs parallèles d'une construction.

Fig. 6. Tirant assemblé à fourchette avec clef. Pour les tirants de grande portée, il est plus avantageux de décomposer la longueur totale en plusieurs parties rattachées les unes aux autres au moyen de l'assemblage que nous présentons.

Fig. 7. Etrier double. Pièce qui supporte l'entrait d'une ferme par son milieu.

Fig. 8. Etrier à boulons. Pièce destinée à relier un accouplement, tel qu'un arbalétrier et la pièce qui le double.

Fig. 9. Etrier à plate-bande et à boulons destiné à recevoir l'about d'une pièce de charpente, sans qu'il soit nécessaire d'entailler celle qui fixe l'étrier.

Fig. 10. Tirant moutonné assemblé à crochet oblique et fixé par des brides. Cet assemblage est une variété de ceux que l'on emploie dans la décomposition et le raccord des tirants.

Fɪɢ. 11. Tirant moutonné assemblé à trait de Jupiter et serré par des clefs : cet assemblage permet de monter les pièces successivement et de les fixer en les serrant par les clefs ou coins en fer forgé.

Fɪɢ. 12. Tirant à moufle assemblé et fixé par clef et clavette.

Fɪɢ. 13. Tirant tourné reliant deux murs au moyen d'ancres.

Fɪɢ. 14. Plan et élévation de l'extrémité d'une ferme en fer forgé, soit pour fortifier une poutre, soit pour servir de poitrail en accouplement.

Fɪɢ. 15. Système pour fixer les différents barreaux des clôtures dans la traverse.

Fɪɢ. 16. Potence à console fixée au mur par un scellement et destinée à recevoir à son extrémité soit une chape ou une moufflette.

Fɪɢ. 17. Bande de Trémie. Cette pièce est posée à plat sous les poutres d'un plancher et ensuite tournée de champ dans l'emplacement du foyer, afin de supporter le bandage en briques qui forme cette partie du plancher.

Fɪɢ. 18. Pivot à charnières scellé dans le mur. Cette pièce se relie à l'équerre d'un battant de porte cochère, et présente par la solidité du scellement toute la garantie possible.

Fɪɢ. 19. Manteau de cheminée. Cette pièce qui est fixée horizontalement, supporte toute la hotte en briques posées de champ, au moyen d'une ou deux tiges de fer forgé, lesquelles sont fixées aux angles saillants du manteau et aux pièces qui composent la travure supérieure.

Fɪɢ. 20. Face de la penture et des pattes de scellement.

Fɪɢ. 21. Plate-bande en équerre pour fortifier l'assemblage d'un volant.

Fɪɢ. 22 et 23. Assemblages divers pour scellement.

PLANCHE II.

Poitrails, Planchers, Terrasse et Assemblages.

Fɪɢ. 1ʳᵉ. Disposition d'un poitrail destiné au support de la façade d'une maison ou d'une charge quelconque. Cet assemblage se compose d'un Tirant, d'un Arc arrêté aux extrémités d'une plate-bande supérieure et des pièces verticales qui maintiennent tout l'assemblage ; aux extrémités, le tirant et la plate-bande sont aplattis, afin de poser sur la pierre et de donner passage au boulon de scellement.

Fɪɢ. 2. Coupe d'un poitrail et disposition des pièces d'entretoise.

Fɪɢ. 3. Coupe d'une terrasse en poterie maintenue horizontalement par un plancher en fer forgé, ainsi que le fait voir la figure. Tout le système repose sur une ferme placée de deux en deux mètres ; d'un tirant à l'autre, sont les pièces d'entretoise ajustées par crochets sur les tirants de ferme ; enfin, dans la direction même des fermes et de 0ᵐ,50 en 0ᵐ,50, sont posés de champ des fers d'un équarrissage moindre, c'est-à-dire, à raison de la charge à supporter. Lorsque ce treillis est posé, on cintre la partie inférieure, on répand le premier gâchis sur lequel les pots en terre cuite sont fixés, après avoir été hourdés en plâtre pour la liaison générale ; sur le tout, on coule un nouveau gâchis ou ciment, puis on pose directement le carrelage ou le plancher. Ce système de plancher est un peu coûteux, mais il présente de grands avantages pour les cas d'incendie et sous le rapport de la solidité.

Fɪɢ. 4. Plan de ferme dudit plancher et des positions de la poterie ourdée en plâtre.

Fɪɢ. 5. Châssis en fer forgé ou coulé ajustés sur la pente d'un comble par des charnières et pouvant s'ouvrir à volonté au moyen de poulies de renvoie, afin d'éclairer et de ventiler la partie intérieure d'une habitation.

Fɪɢ. 6. Comble voûté et plancher en fer et poterie de la boulangerie de la manutention des vivres militaires à Paris.

Fɪɢ. 7. Combinaison d'un comble en fer qui n'aurait à porter qu'une couverture légère.

Fɪɢ. 8 et 9. Détails relatifs à la charpente de la manutention des vivres.

PLANCHE III.

Variété des fermes de différentes portées.

Fig. 1re. De la ferme employée pour le marché de la Magdeleine, à Paris.
Fig. 2 et 3. Détails relatifs à cette ferme.
Fig. 4. Composition de la ferme du temple de la Magdeleine, à Paris.
Fig. 5. Composition d'une charpente de grande portée, propre à la couverture d'un théâtre, d'une salle d'exercice, etc.
Fig. 6. Charpente hémisphérique avec lanterne, construite à Paris pour l'oratoire de la prison modèle.
Fig. 7. Détails relatifs à la même charpente.
Fig. 8. Plan des fermes de la charpente hémisphérique.

SERRURERIE.

PLANCHE Ire.

Détails de Rampes, Balustres, Espagnolettes, Lanternes, etc.

Fig. 1. Rampe à compartiments.
Fig. 2. Rampe à fuseaux.
Fig. 3. Colonne en fer fondu, servant à suspendre une lanterne.
Fig. 4. Détail d'une girouette ou paratonnerre.
Fig. 5. Marteau de porte cochère.
Fig. 6. Charnière à tête de compas pour les croisées.
Fig. 7. Détail d'un balustre en fer de fonte.
Fig. 8. Charnières anglaises pour fermer d'elle-même une clôture.
Fig. 9. Profil d'une rampe à jour.
Fig. 10. Détail d'une fiche à tête ronde.
Fig. 11. Détail d'une espagnolette à poignée pleine.
Fig. 12. Charnière à patte.
Fig. 13. Verrou de porte cochère et de porte ordinaire.
Fig. 14. Motifs pour terminer les barreaux d'une grille militaire.
Fig. 15. Pivot à tête carrée.
Fig. 16. Targette ordinaire.
Fig. 17. Fiche à broche ou à bouton.
Fig. 18. Loqueteau à croissant.
Fig. 19. Vis ordinaire.

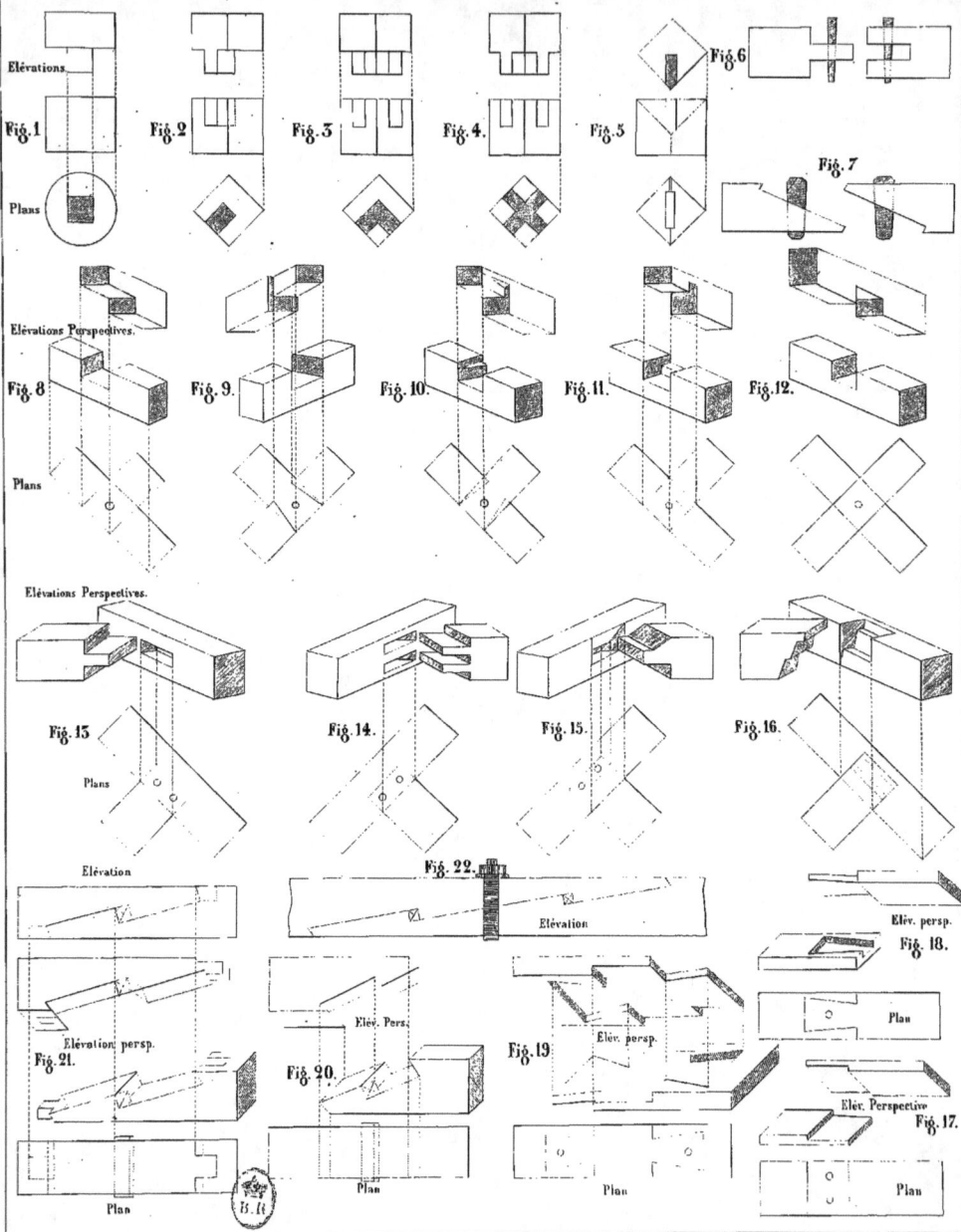

Elévations.

Fig. 1.   Fig. 2.   Fig. 3.   Fig. 4.   Fig. 5.   Fig. 6.

Plans

Fig. 7

Elévations Perspectives.

Fig. 8.   Fig. 9.   Fig. 10.   Fig. 11.   Fig. 12.

Plans

Elévations Perspectives.

Fig. 13.   Fig. 14.   Fig. 15.   Fig. 16.

Plans

Elévation

Fig. 22.

Elévation

Elév. persp.

Fig. 18.

Plan

Elév. Persp.

Élév. Persp.

Fig. 17.

Élévation persp.

Fig. 21.

Élév. Persp.

Fig. 20.

Fig. 19.

Élév. persp.

Plan

Plan

Plan

Plan

Plan

Lith. Dembour & Gangel à Metz.

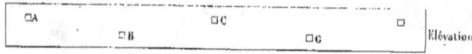

Elévation

Fig. 1.

Plan

Elévation

Fig. 2.

Plan

Fig. 3.

Elévation

Plan

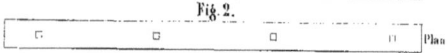

Fig. 4.

Elévation

Plan

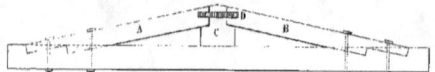

Fig. 5.

Elévation

Plan

Fig. 6.

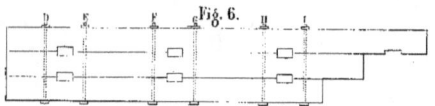

Fig. 7.

Coupe

Elévation

Plan

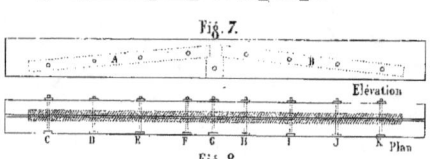

Fig. 8.

Coupe

Elévation

Plan

Fig. 9.

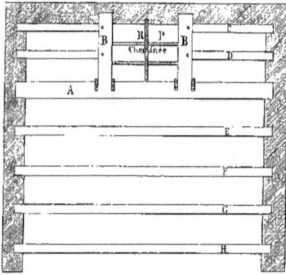

Fig. 10.

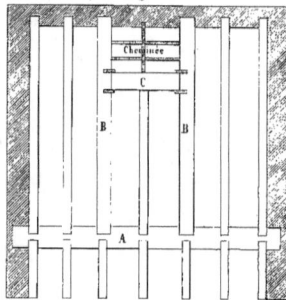

Fig. 11.

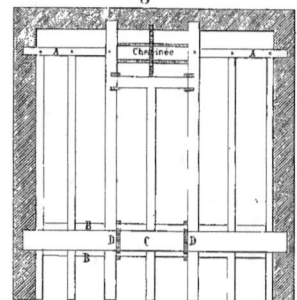

Fig. 12.

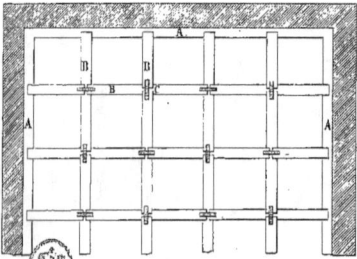

Fig. 14.

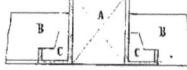

Fig. 15.

Fig. 13.

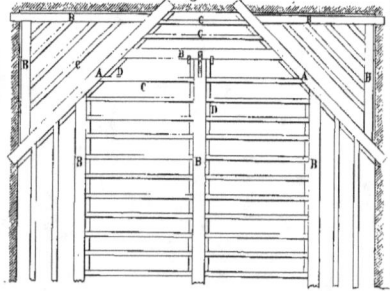

Lith. Dembour & Gangel à Metz.

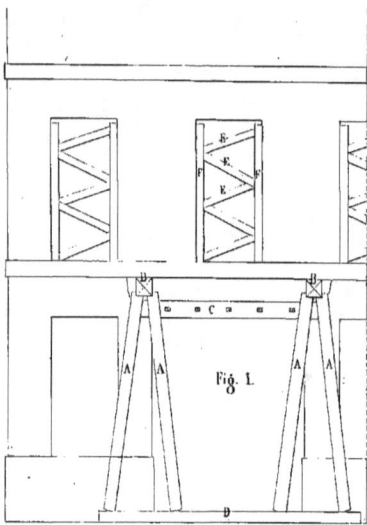

Fig. 1.

Fig. 10.

Fig. 11.

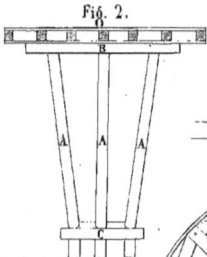

Fig. 3.

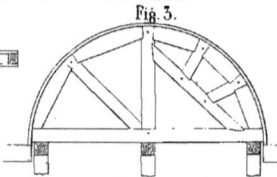

Fig. 2.

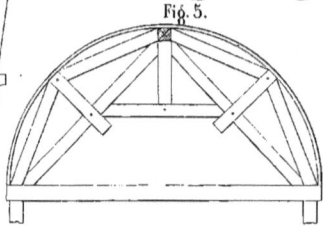

Fig. 5.

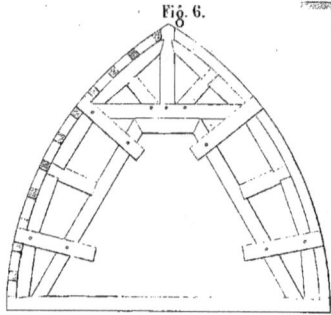

Fig. 6.

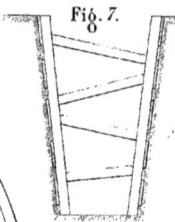

Fig. 7.

Fig. 4.

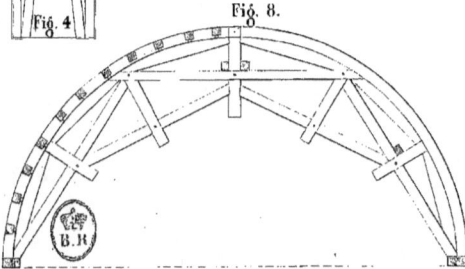

Fig. 8.

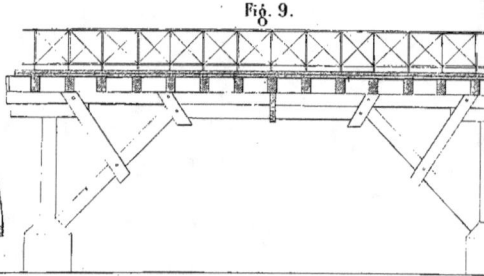

Fig. 9.

Lith. de Dembour & Gangel à M

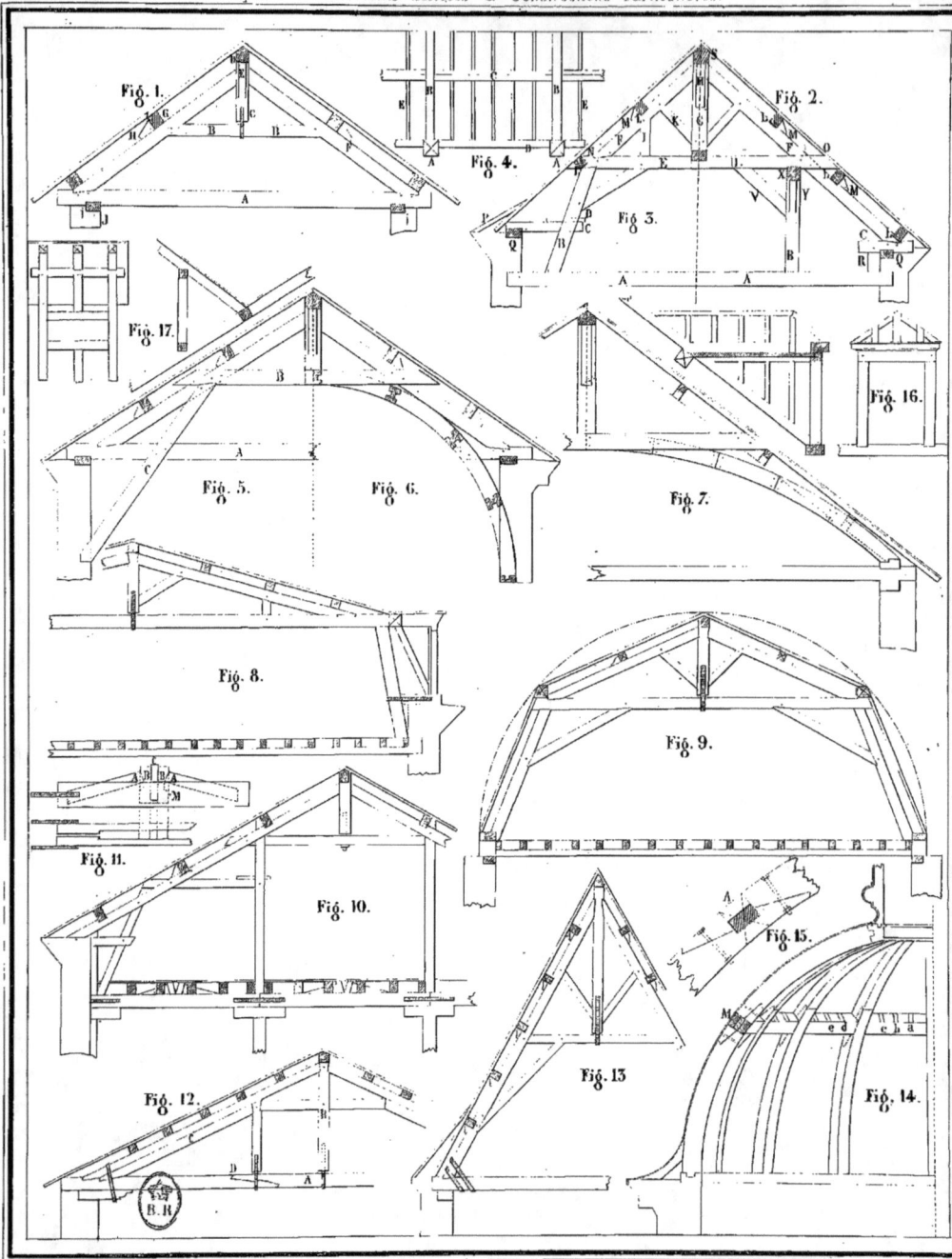

Lith. de Dembour & Gangel à Me

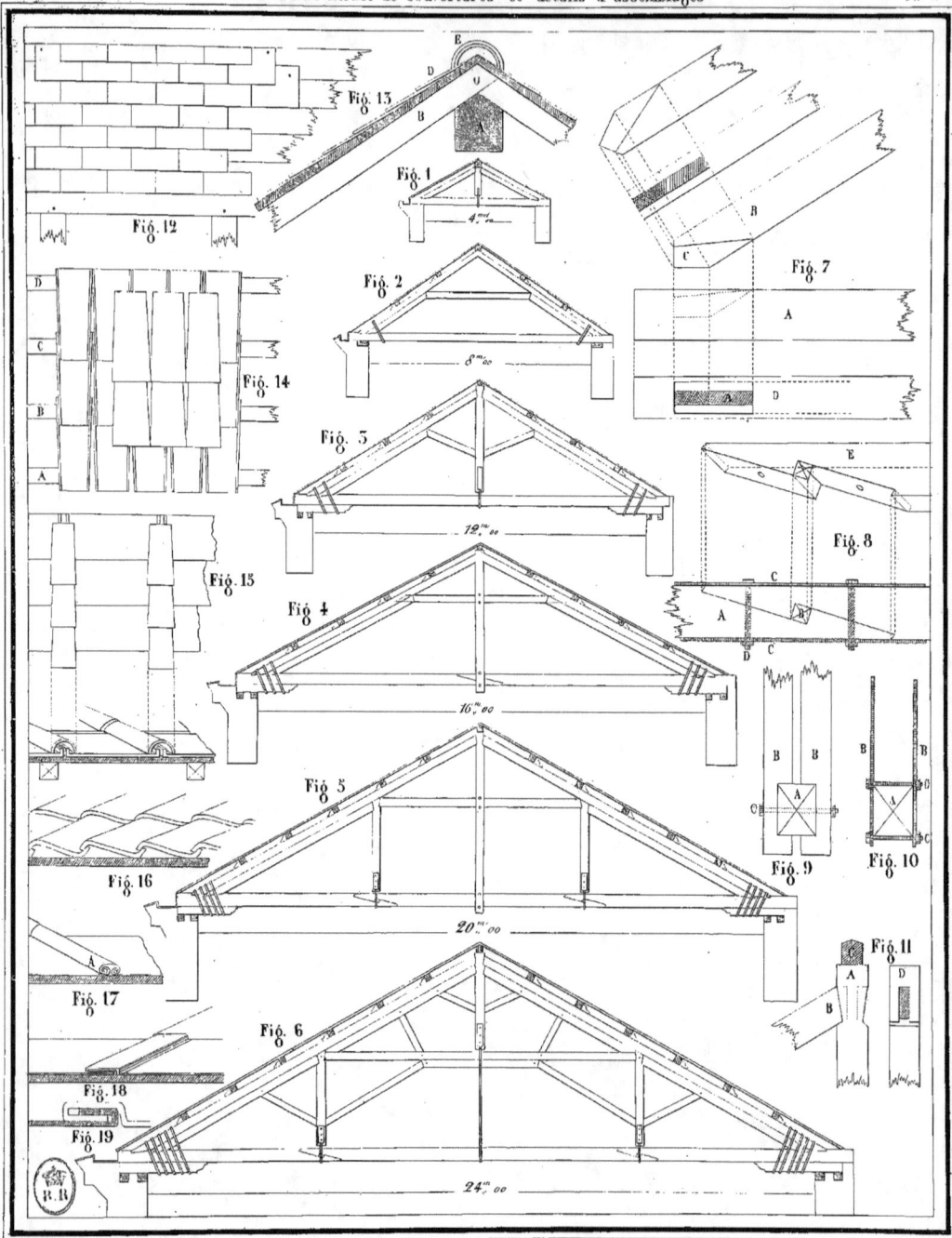

Fig. 13

Fig. 12

Fig. 1

Fig. 7

Fig. 2

Fig. 14

Fig. 3

Fig. 8

Fig. 15

Fig. 4

Fig. 9

Fig. 10

Fig. 16

Fig. 5

Fig. 11

Fig. 17

Fig. 6

Fig. 18

Fig. 19

R.R

Lith. de Dembour & Gangel à Metz

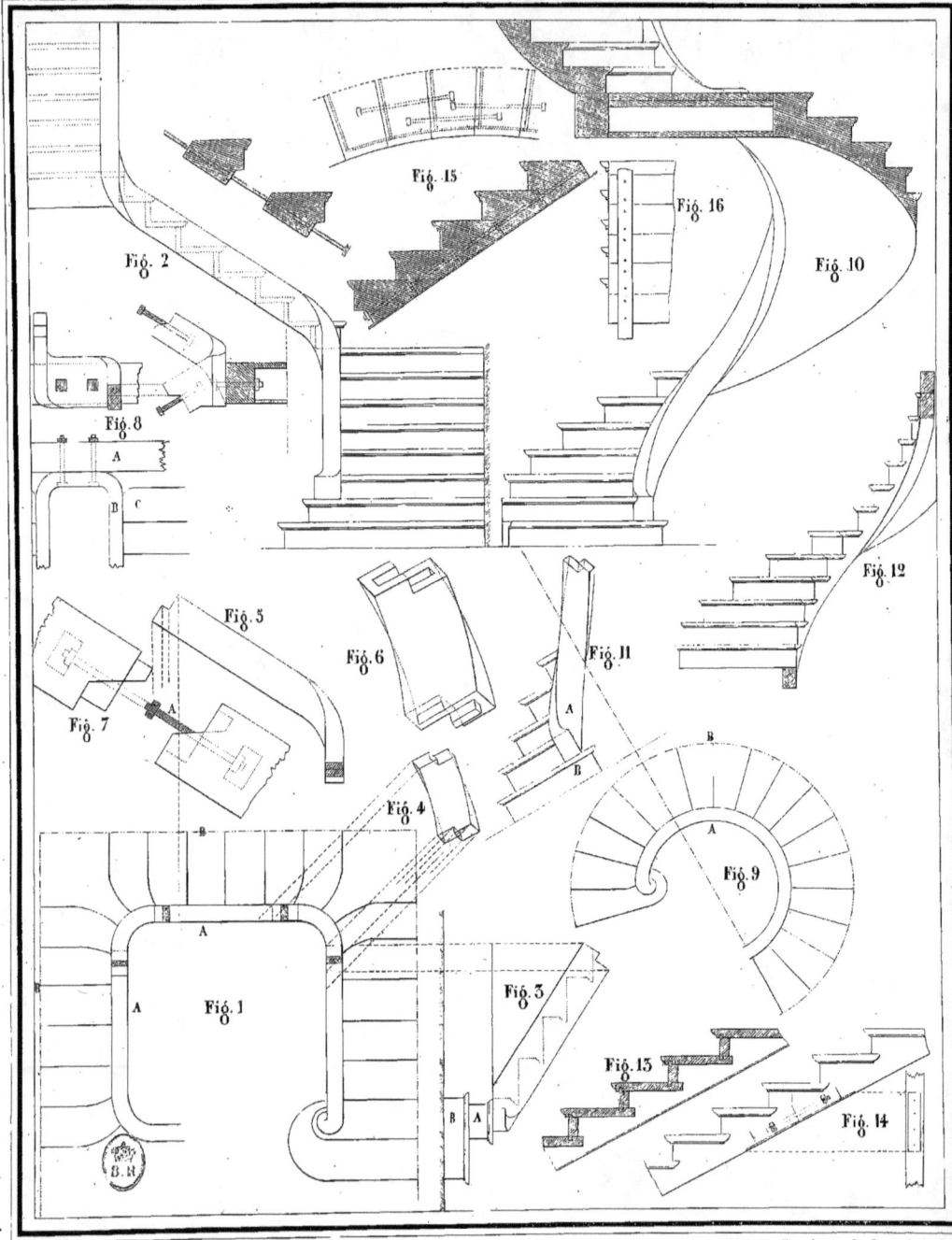

Fig. 2

Fig. 15

Fig. 16

Fig. 10

Fig. 8

Fig. 12

Fig. 5

Fig. 6

Fig. 11

Fig. 7

Fig. 4

Fig. 9

Fig. 1

Fig. 3

Fig. 13

Fig. 14

Lith. de Dembour & Gangel à Me...

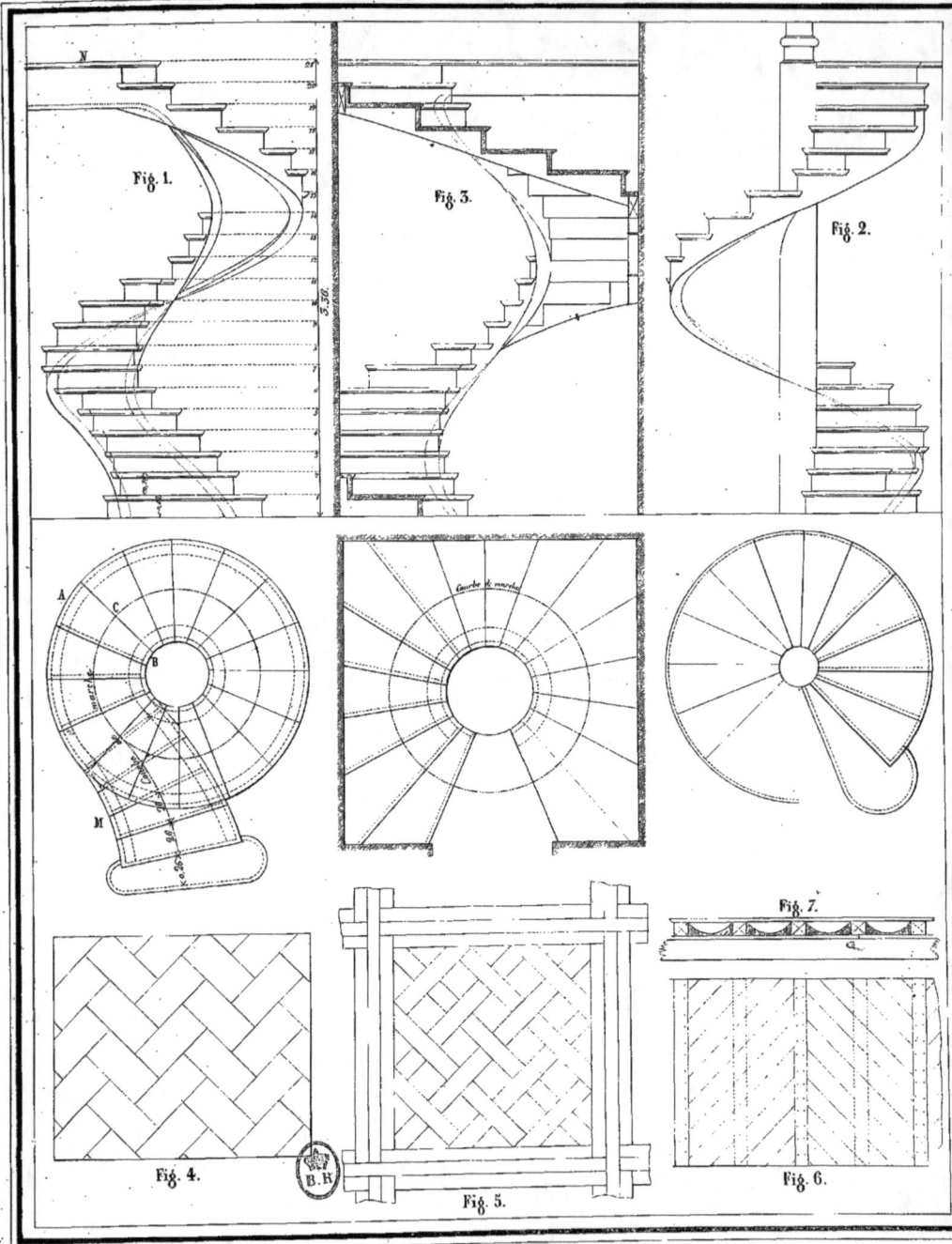

Fig. 1.

Fig. 3.

Fig. 2.

Fig. 4.

Fig. 5.

Fig. 6.

Fig. 7.

Lith. de Dembour & Gangel à Metz.

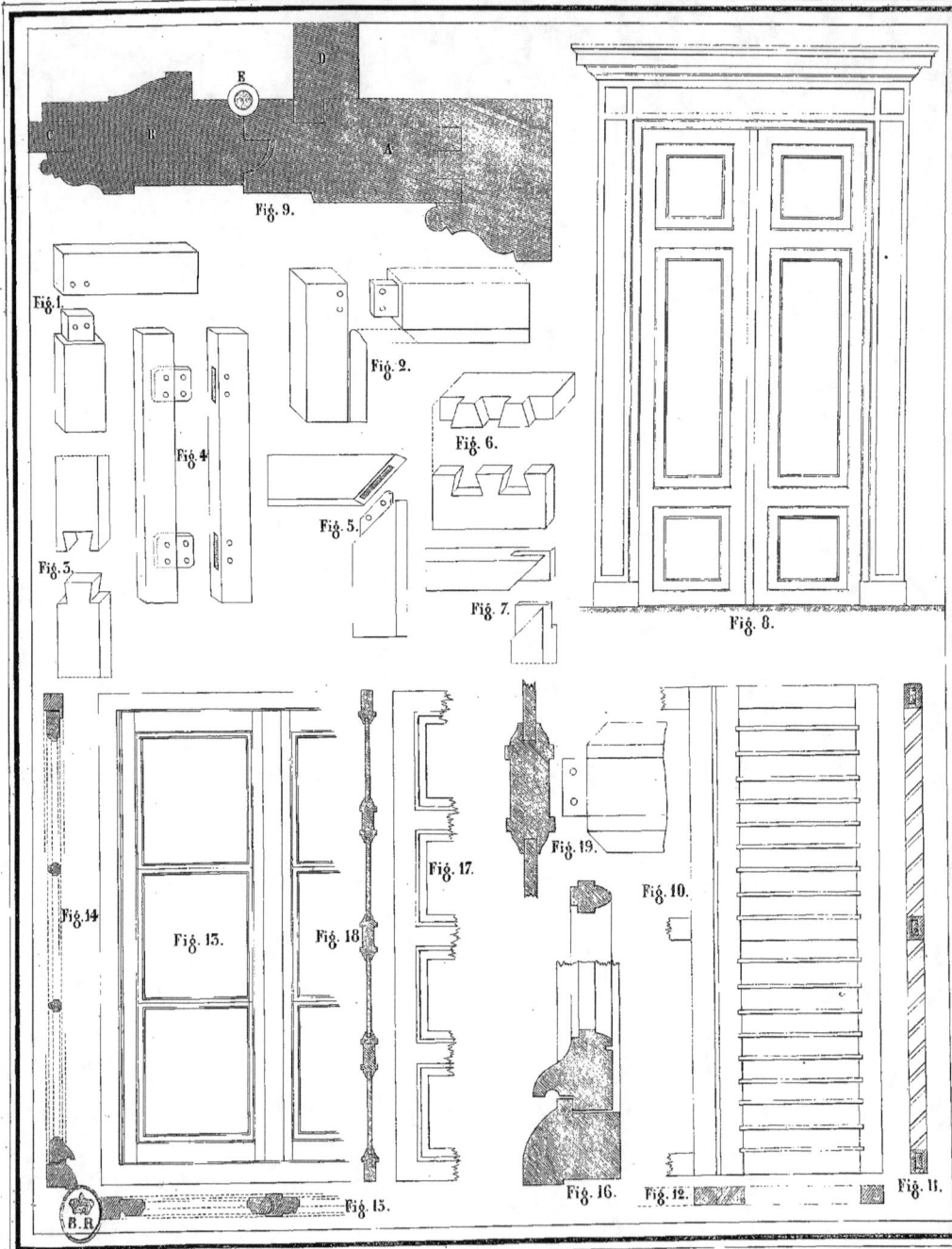

Fig. 9.

Fig. 1.

Fig. 2.

Fig. 4.

Fig. 6.

Fig. 5.

Fig. 3.

Fig. 7.

Fig. 8.

Fig. 14.

Fig. 13.

Fig. 18.

Fig. 17.

Fig. 19.

Fig. 10.

Fig. 16.

Fig. 12.

Fig. 11.

Fig. 15.

B. R.

Lith. de Dembour & Gangel à Metz.

Pl. I.

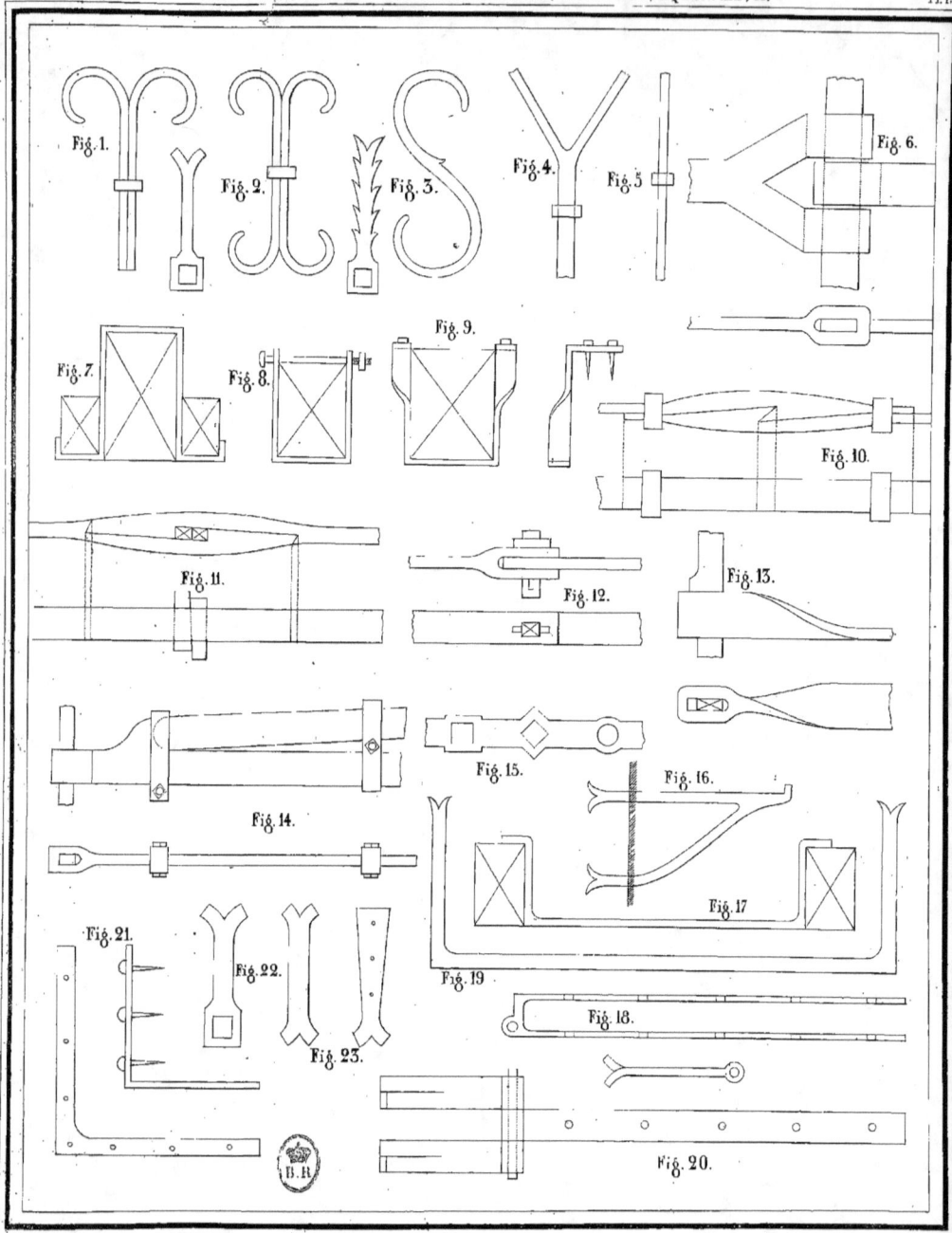

Fig. 1. Fig. 2. Fig. 3. Fig. 4. Fig. 5. Fig. 6.
Fig. 7. Fig. 8. Fig. 9. Fig. 10.
Fig. 11. Fig. 12. Fig. 13.
Fig. 14. Fig. 15. Fig. 16. Fig. 17.
Fig. 18. Fig. 19. Fig. 20. Fig. 21. Fig. 22. Fig. 23.

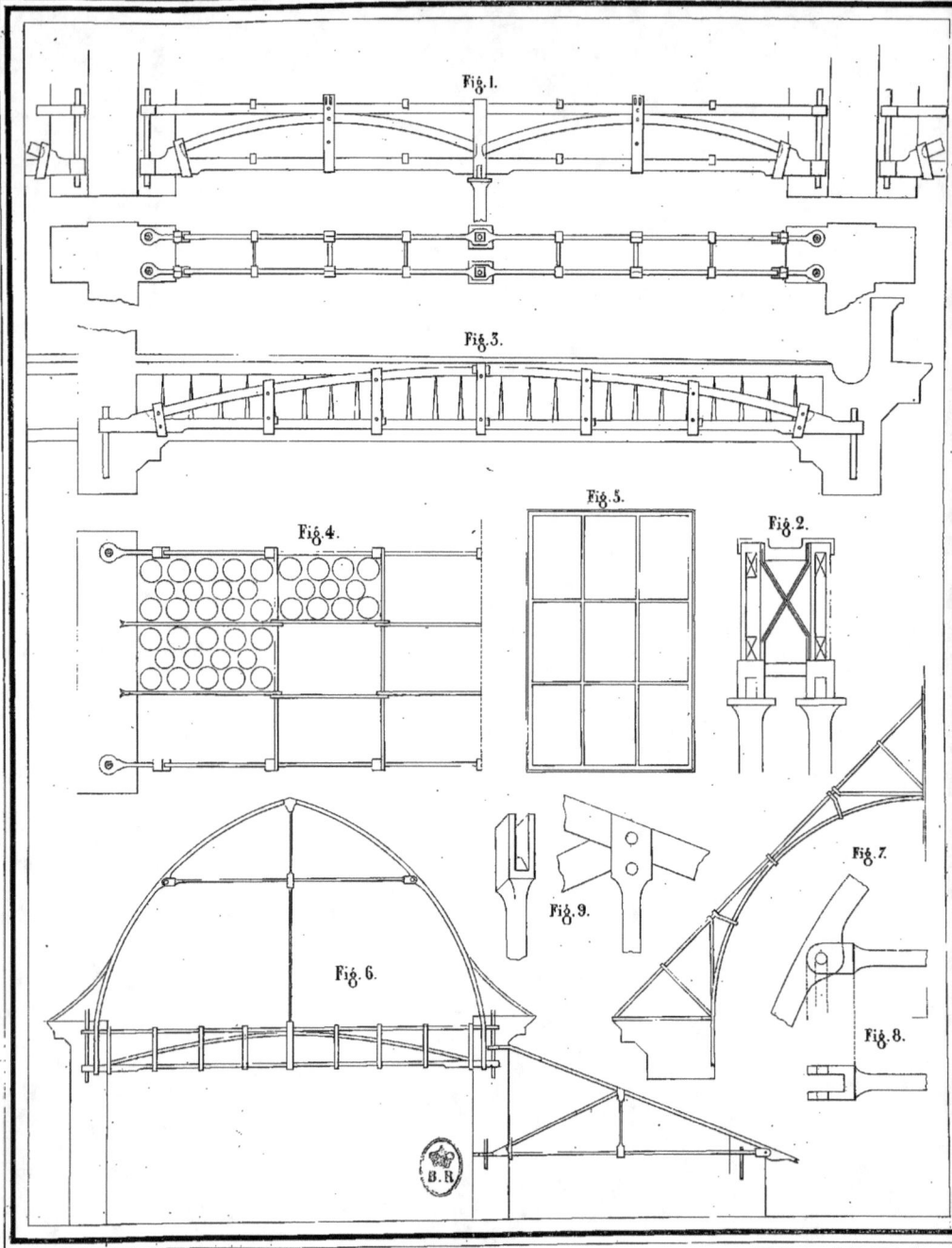

Fig. 1.

Fig. 3.

Fig. 4.

Fig. 5.

Fig. 2.

Fig. 9.

Fig. 7.

Fig. 6.

Fig. 8.

B. R.

Lith. Denabour & Gangel à Metz.

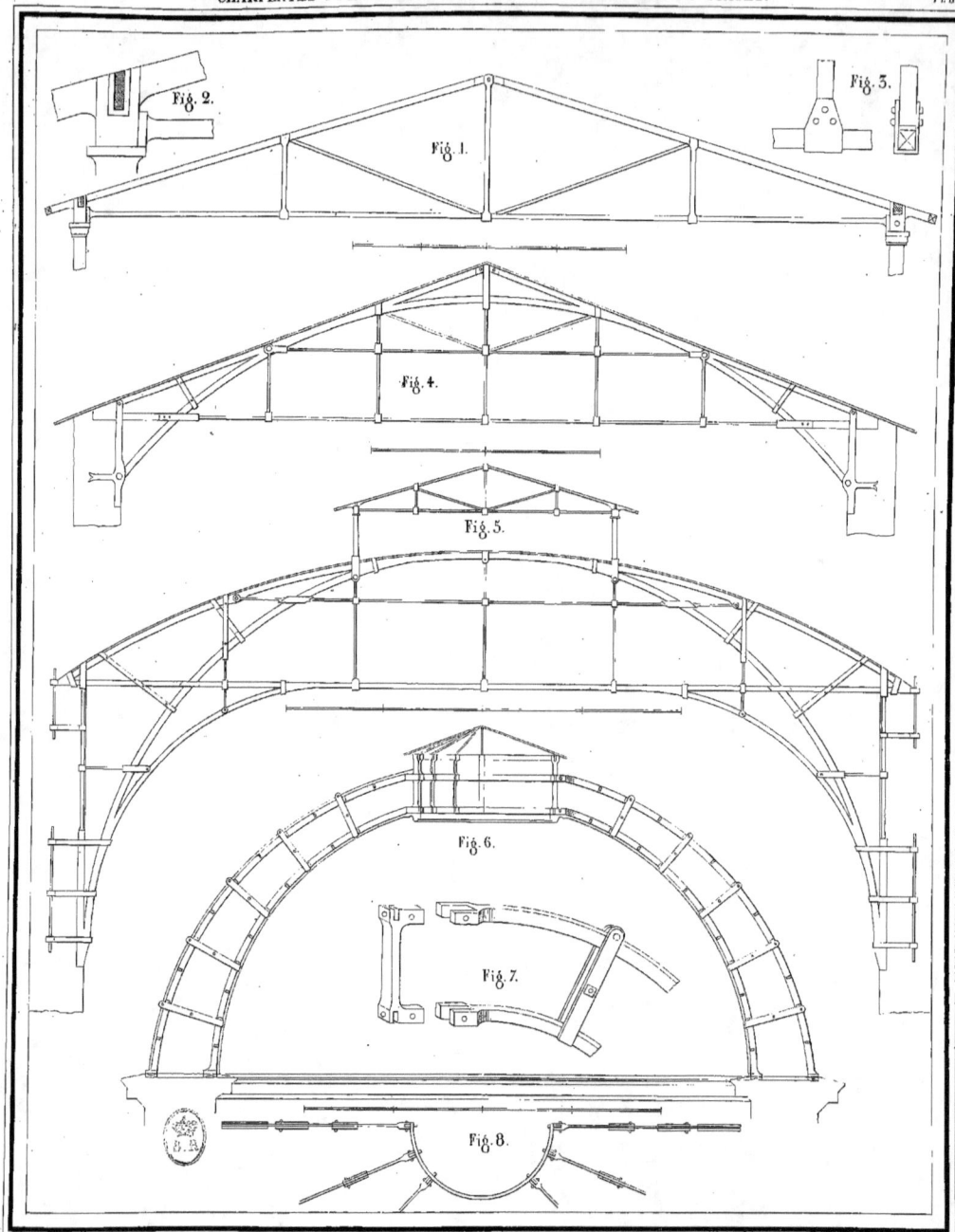

Fig. 2.

Fig. 3.

Fig. 1.

Fig. 4.

Fig. 5.

Fig. 6.

Fig. 7.

Fig. 8.

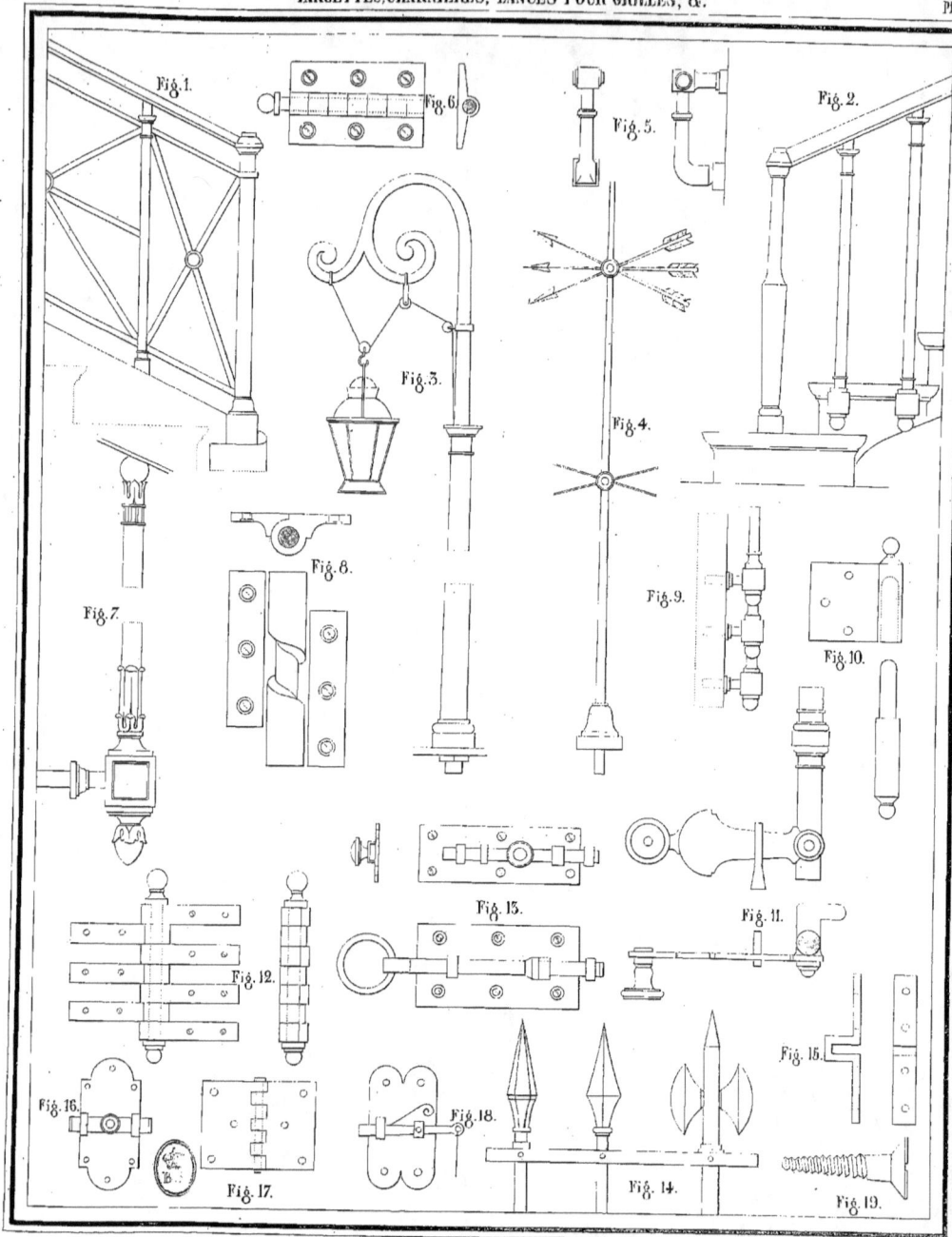

Fig. 1.

Fig. 6.

Fig. 5.

Fig. 2.

Fig. 3.

Fig. 4.

Fig. 8.

Fig. 7.

Fig. 9.

Fig. 10.

Fig. 13.

Fig. 11.

Fig. 12.

Fig. 15.

Fig. 16.

Fig. 18.

Fig. 17.

Fig. 14.

Fig. 19.

Lith. de Dembour & Gangel à Metz.

www.ingramcontent.com/pod-product-compliance
Lightning Source LLC
LaVergne TN
LVHW022205080426
835511LV00008B/1582